novum **◆** pocket

AF273144

Szőke Kriszta

Angyali üzenetek

novum ⬡ pocket

Minden jog fenntartva,
beleértve a mű film,
rádió és televízió, fotómechanikai
kiadását, hanghordozón és elektroni-
kus adathordozón való forgalmazását,
valamint kivonat megjelentetését,
illetve az utánnyomását is.

Nyomtatva az Európai Unióban
környezetbarát, klór- és savmentes,
fehérített papírra.

© 2024 novum publishing

ISBN 978-3-903382-96-1
Borítókép: Szegedi Renáta
Borító, tördelés & nyomda:
novum publishing

www.novumpublishing.hu

Print product with financial
climate contribution
ClimatePartner.com/16547-2311-1001

Kedves Olvasó!

Szeretettel köszöntelek! Remélem örömedet fogod lelni a könyv olvasásában, s támogatást nyújt számodra a mindennapokban: Ezek a gondolatok, angyali üzenetek, melyeknek csupán közvetítője vagyok. Segítséget nyújtok, hogy eljussanak hozzád!

Ennek a könyvnek a célja kettős. Egyrészt útmutatóként szolgálhat a hétköznapokban, másrészt tanácsot adhat nehéz élethelyzeteinkben. Olvashatod a gondolatokat egymás után is, vagy kinyitod valahol, s az ott lévő üzenet, mely magára vonja tekinteted, jelenthet az adott kérdésre vonatkozó segítséget.

Az angyali gondolatok közvetítésénél elsősorban az Őrangyalom, s az arkangyalok üzeneteit vetettem papírra. Az Őrangyalunk ki életeink során végig mellettünk van, támogatja életutunkat. Az arkangyalok közül Gabriel arkangyal a hírvivő, Mihály arkangyal a védelmező, Chamuel arkangyal a harmónia és könnyedség angyala, Haniel arkangyal az illúziók és elvárások tanítómestere, Uriel arkangyal a belső béke meglátásában segít, Jophiel arkangyal a tisztánlátó, Metatron az átmenetek angyala, valamint Zadkiel a megbocsátás angyala, kiknek gondolatait tolmácsoltam nektek. Emellett Asmodel, a kozmikus szeretet angyala, valamint Jehudiel angyal, aki az

‚isteni terv megvalósításában' segít, is megmutatkozik egy-egy kedves üzenettel.

Végül, de nem utolsó sorban, szeretném megköszönni mindenkinek, aki a könyv megjelenését elősegítette. Elsősorban a családomnak és gyermekeimnek, a csodás képeket lányomnak Reninek. Köszönöm barátaimnak a rengeteg támogatást és segítséget!

Te pedig, kedves Olvasóm, fogadd sok szeretettel az angyali gondolatokat! Forgasd kellő tisztelettel, s leld benne örömedet!

Áldás kísérje lépteid!

Szeretettel, Szőke Kriszta

Az első beszélgetés

Az írás egy eszköz, valamint lehetőség a kibontakozásra, megnyilatkozásra. Az egyszerű néha tényleg a legnagyszerűbb. Hétköznapi nyelven: a történeteidet elmondva a benne rejlő pozitívumok és tanácsok szinte beleolvadnak az olvasóba. Minden írás kincset rejt, melyet bárki felfedezhet. Te megkaptad a lehetőséget, hogy ezeket lejegyezd. Bánj tehát szépen a szavakkal, gondolatokkal, aranylóan simogassanak történeteid, hogy mások elolvasva, önmagukra lelve megnyugodjanak, békére leljenek szavaid ösvényén vezetve. Oszd meg őket másokkal, hogy gazdagíthasd őket! Írd tisztán, őszinte szívből jövő szavakkal, mely megérinti az embereket! Köszönöm a közös munkát! Mi melletted állunk! Köszönöm, ég áldjon, s nemsokára újra találkozunk!

Szeretettel, Gabriel arkangyal

1.

Az angyalok köztünk járnak. Nem szárnyaikról ismerhetjük fel őket, hanem mosolyukról, kedvességükről, empátiájukról, szeretetükről. Odafigyelnek a körülöttük élőkre, észreveszik azt is, amit a másik nem mond ki, ám szíve mélyéig átérez. Meghallgat, ha szükséged van rá, megfogja a kezed, rád mosolyog és veled érez. Szeretettel végigsimít arcodon. Letörli a könnyed és mosolyt csal arcodra. Békében van önmagával, veled és másokkal is. Nem veszekszik, nem kötekedik, elfogad olyannak, amilyen vagy. Átölel és fogva tart, míg múlik a szomorúság. Kedvességével, szelídségével megolvasztja a jeget a szívek körül. Az angyalok köztünk járnak nap mint nap. Több néven is hívjuk. Lehetnek édesanyák, gyermekek, rokonok, barátok, a kedves ismerős a szomszéd házból, vagy egy ismeretlen, ki egy apró tettével válik angyallá. Vegyük észre őket, s köszönjük meg nekik, hogy velünk vannak. Sőt, ha tehetjük, váljunk mi is angyalokká mások számára: szebbé válik tőle életünk, s közben mások életét is megszépítjük.

Szeretettel, Gabriel arkangyal

2.

Ha a természetben sétálsz, ne szaladj át rajta gondolataidba, gondjaidba merülve. Ballagj lassan, komótosan. Hallgasd a madarak víg dalát, a szél zúgását, a víz csobogását. Csodálkozz rá a különleges falevélre, egy görbe fára, a fa törzsén megtelepedő gombára! Tárd ki a szíved, lásd, érezd a természetet! Vedd észre megkapó szépségét, lüktetését. Ölelj fát – energetizál. Így könnyen rálelhetsz a harmóniára s lelki békédre. Hazatérve feltöltődve folytathatod napodat!

Szeretettel, Zadkiel arkangyal

3.

Ma szeretetről fogunk írni. Benned is ott lobog, s melege mindenkit elérhet, ha hagyod. Ehhez nem kell mást tenned, csak kitárni a szíved! Engedd be a zenét, az érzelmeket, ne zárkózz el az élmények elől, hanem igazán éld meg őket! Elmerülhetsz az önsajnálatban is, tapicskolva a nyomor mocsarában, de dönthetsz úgy is, hogy a szeretetet választod. Ettől sebezhetővé válsz, hisz' kitárod a szíved, beengeded az érzelmeket, ám csakis így élheted meg igazán az életedet. Keresd, ami igazán fontos és értéket képvisel számodra! Engedd el a bóvlit, ami csak lehúz és elrejti igazi önvalódat! Ragyogó csillagnak születtél, ki lényével bearanyozza mások életét! Jusson eszedbe: mi melletted állunk, s ha szükséged van ránk, hívj, s mi segítünk!

Szeretettel, Gabriel arkangyal

4.

Az élet olyan, mint egy hömpölygő folyó, melyet néhol egy-egy sziget tarkít. Ezek békés kikötőt jelenthetnek a viharok és vad hullámok után. Ám nem maradhatsz itt a nyugalom és a béke szigetén, az a feladatod, hogy továbbmenjél, bármennyire is hullámzik a víz, vagy esetleg nagy vihar vár rád odakinn. Képes vagy mindennel megbirkózni, hiszen erről szól az élet. A nehézségeket is azért kapod, mert meg tudod oldani őket, s általuk tovább fejlődhetsz. Ne félj hát a kihívástól, bátran lépj tovább, odakinn vár a világ! Öröm, bánat, szeretet és kacagás, igazi élmények, melyek teljessé tehetnek. Légy bátor s haladj utadon, mit a sors neked szánt! Az életed gazdagodik ezáltal, s igazi önvalóddá válsz!

Szeretettel, Haniel arkangyal

5.

Mai írásunk szóljon a békéről, a békességről. A béke belül, önmagunkban kezdődik. Akkor tudunk békességet teremteni magunk körül, ha békesség honol bennünk. Életünk során számtalan olyan dolog történik, mely kibillent lelki nyugalmunkból. Ilyenkor nehéz visszatalálni a megkezdett útra, főleg, ha nagyon felzaklatott az a bizonyos dolog. Egyet tehetünk ebben az esetben, ami a legjobbat adhatja: elengedni a helyzetet, küldeni rá őszinte szeretetet és továbbengedni az érzelmeket. Így könnyebben tudunk visszatalálni az útra, a lelki békénkre, s önmagunkra. Ott van bennünk, mélyen legbelül, bármikor felszínre hozhatjuk. Nem kell hozzá más, csak őszinte szeretet és megbocsátás. Elengedni a zaklató gondokat, melyek bánatot okoznak nekünk, s visszatérni a szeretethez. Így nyílik meg szívünk.

Szeretettel, Uriel arkangyal

6.

Tudjátok, mi a szeretet? Ami mindent és mindenkit körbevesz. Átölel, benned és körülötted is megvan. Belülről fakad. A mélyben lüktet, várva, hogy felszínre törhessen és szabad utat nyerve kiáramolhasson a világba. Eshet eső, fújhat szél, a szeretet csak árad, mint egy folyó a maga túláradó hevétől. Életet lehel mindenkibe, kit elér a hulláma, s feltölti azt is, aki adja. A szeretet békét ad világunknak és keretet életünknek, mellyel bármit elérhetünk mit szeretnénk. A szeretet odaadó, valóságos, sikert hoz mindennapjaidba. A szeretet harmóniát teremt, nem bánt, hanem feltétel nélkül elfogad. A szeretet bennünk van körülöttünk. Vegyük észre, éljük meg, s valóban része lesz életünknek!

Szeretettel, Gabriel arkangyal

7.

Elmúlt a nap, vége a nyárnak. Itt az ősz, hűvös szelek
járnak. Ilyenkor inkább odabenn a lakásban megbújva
foglaljuk el magunkat, s vágyakozva nézünk ki az abla-
kon, milyen jó is volt a nyáron. Azt mondom néktek, ne
maradjatok otthon, hanem ha csak tehetitek, mozdul-
jatok ki a természetbe. Sétáljatok nagyot, mozogjatok,
kerékpározzatok, kocogjatok, vagy akár a kutyával csa-
varogjatok. Élvezzétek az ősz ezer színét, mely áthatja
lényünket. A nedves avar illatát, a lehulló falevelek halk
surranását. A tétova napsugár áramló melegét, s a fák
között kergetőző szélúrfi susogását. Kilépve a termé-
szetbe picit megpihen a lélek, örömmel tölti el szívünket
a csodás látvány, ha nem csupán elrohanunk mellette,
hanem megtiszteljük figyelmünkkel. Ha megtanulunk
örülni a szép, színes falevélnek, a fát kopogtató harkály
hangjának, a közelben hömpölygő folyó illatának, akkor
rálelhetünk a természet lelkére. Együtt lélegzünk vele, s
eggyé válva feltöltődünk általa. Már más emberként té-
rünk haza. Tettvágy, öröm és túlcsorduló boldogság, mit

felfedezhetünk magunkban. Mindez pedig végigkíséri egész napunkat. Este egy kedves könyv olvasása után álmunk is sokkal megnyugtatóbb lesz. Kerekedjünk hát fel ősszel is, még ha nehezen is akaródzik, menjünk ki a természetbe, töltődni, megpihenni! Emellett kérlek, óvd s vigyázz rá, hogy másnak is örömet adhasson, és még sokáig sétálhassunk ott! Köszönöm nektek!

Szeretettel, Gabriel arkangyal

8.

Az élet olyan, mint egy hatalmas hullámvasút: egyszer fent, máskor lent találod magad. Határtalan boldogság, közömbös napszakok, s olykor végtelen szomorúak is előfordulnak. Peregnek a napok, hetek, telnek a hónapok, amikor is nem teszünk mást, csak várunk valamit, vagy várjuk a holnapot. Elsuhannak mellettünk az évek, mint a vonat a legelésző nyáj mellett, s mindezt észre sem vesszük. Annyira elmélyedünk egy-egy gondolatban, érzelemben, akár haragban, hogy fel sem figyelünk az élet csodás dolgaira. Észre sem vesszük, milyen sok szeretet lappang apró dolgokban. Ha olykor még fel is tűnik, csupán fél pillanatra megmosolyogtat, ám aztán visszatérünk saját taposómalmunkba, keresztülvágtatva életünkön. Itt az ideje lassítani egy picit! Megállni, s megpihenni! Jól körülnézni! Nyitott szemmel, s nyitott szívvel! Észrevenni a mosolyt a kedvesünk szemében, egy tarka lepkét az aranyszínű virág kelyhében, vízcseppet a falevélen. Felismerni, milyen sok csodás dolog vesz körbe bennünket minden pillanatban. Neveljük rá magunkat arra, hogy mindezt meglássa szemünk. Lassítva lépteinket körbenézünk, s így észrevehetjük mindazt életünkben, ami mellett eddig elszaladtunk. Tudatosítjuk a kicsiny dolgokat is a nagy csodák mellett. Ezáltal örömtelibbé varázsoljuk hétköznapjainkat. Legyünk hát bátrak, fékezzük le az iramot, s éljük meg a maga valójában csodás életünket! Örüljünk a kis dolgoknak, vigyázzuk óvón ezeket az apró cseppeket, melyek összerakva alkotják valódi, örömtelibb életünket!

Szeretettel, Rafael arkangyal

9.

Ma este a vidámságé a főszerep. Vajon mikor volt utoljára, amikor igazán szívből nevettél? Mikor kacagtál önfeledten, hogy a könnyed is kicsordult? Ma, tegnap, vagy nem is tudod, olyan rég volt? Megannyi kifogás, mi előjön, miért is nem nevetünk. Szomorúság, bánat, avagy rossz anyagi helyzet, fáradtság, s ezen kívül még rengeteg dolog, mely akadályoz bennünket. Ám a nevetés, az őszinte, szívből jövő kacagás a legjobb gyógyszer, mi szóba jöhet. Min nevessünk? Nevethetünk önmagunkon is, ha épp úgy adódik; egy vicces jeleneten a tévében, kedves élményeken, vagy egy jó könyv olvasása közben. Igen ám, de ha nincs ilyen előttünk éppen, vajon mit is tegyünk? Egyszerűen varázsoljunk elő emlékeinkből valami vicceset, megmosolyogtatót, mi újra megnevettet és jobb kedvre deríthet bennünket! Nevessünk hát nap mint nap minél többet, hiszen ez is ragadós lehet! Mások is jó kedvre derülhetnek körülöttünk, s önmagunk mellett másokat is vidámabbá tehetünk. Kacagjunk hát rá a világra, nevessünk a pajkos napsugárra, a csiripelő kismadárra, vagy az utcán sétáló kócos pulikutyára. Legyen szép a következő napotok, s kívánom, legyetek nagyon-nagyon boldogok!

Szeretettel, Gabriel arkangyal

10.

Készen állsz rá, készen állsz az öröm és boldogság megélésére és befogadására!
Készen állsz a szeretetre, valamint a céljaid elérésére!
Légy bátor, félelmed dobd sutba!
Indulj el, hisz' az új úton csodás élmények várnak terád!
Indulj hát, vár a világ!

Szeretettel, Michael arkangyal

11.

Ma a megbocsátásról osztok meg pár gondolatot veletek. A megbocsátás igen fontos része életünknek. Igen, igen, megbocsátás! Jól hallod! Elsősorban önmagadnak kell megtanulni megbocsátani, hiszen mindenki dönthet rosszul, hibázhat, emberek vagyunk. Ezt fogadjuk el, tanuljunk belőle, és ne haragudjunk önmagunkra, hanem bocsássunk meg magunknak! Tudtátok, hogy általában könnyebben megtesszük ezt idegeneknek, mint önmagunknak? Miért fontos a megbocsátás? Mi sem egyszerűbb ennél. A saját lelki nyugalmadért, s békédért. Nem kell elengedni a dolgot, legyintve rá. Fontos megbocsátani annak, aki megbántott, s elengedni az ehhez fűződő sok negatív gondolatot. Ez általában elég hosszú folyamat. Időre van hozzá szükség, türelemre és toleranciára. Önmagunk és mások felé. Megéri mégis megtenni. Hiszen a megbocsátás könnyeddé, szabaddá tesz bennünket. Megszabadulunk a harag és a negatív érzelmek béklyójából. Felszabadítjuk magunkat, sokkal örömtelibbé varázsoljuk saját életünket. Ne hagyjuk hát, hogy a rengeteg harag, düh és negatív érzés elhatalmasodjon rajtunk értelmetlen dolgok miatt, mérgezve saját magunkat, hanem a megbocsátással és elengedéssel zárjuk le a helyzetet! Ehhez kívánunk nektek kitartást és sok sikert!

Szeretettel, Gabriel arkangyal

12.

Ma a szeretet kerül ismét górcső alá. Mégpedig az igazi szeretet. De milyen is az igazi szeretet? Őszintén, elvárás nélkül árad. Nem kér és nem vár viszonzást, s nem érdekből fakad. Nem családi kötelék irányít, hanem a szívünkből áradó, mindenki felé egyformán ragyogó napsugár, ami mindenkit egyformán melegít. Békességet áraszt, és örömet varázsol a szívekbe. Apró boldogságcseppként fényeskedik a lelkekben. Ragyogj hát te is! Szeress önzetlenül embert, állatot, minden érző lényt csak úgy magáért! Lásd meg benne a fényt és az istenit, mi mindenkiben ott ragyog! Kívánom neked, legyen csodálatos és szeretetteli minden áldott napod!

Szeretettel, Gabriel arkangyal

13.

Minden pillanat, melyet megélsz, örömteli lehet, ha te azzá teszed! Rajtad múlik, hogyan éled meg az adott helyzeteket. Örömmel veszed észre a nehézségekben az apró jó dolgokat, vagy csupán a negatívat érzékeled a legcsodásabb pillanatokban is. Mindez csakis rajtad áll! Tudatos döntés kérdése csupán! Találd meg a jót minden pillanatban!

Szeretettel ölellek, Gabriel arkangyal

14.

Belső világod tükröződik odakinn. Amíg benned káosz, zűrzavar van, békére a világban sem lelhetsz. Fogadd el, ami most van bent és kint! Engedd meg magadnak érzéseidet! Ne haragudj önmagadra, hanem fogadd el olyannak, amilyen vagy! Türelemmel képes vagy változtatni belső világod, s ez megváltoztatja a külvilágot. Szeretettel bánj magaddal, valamint add meg a tiszteletet igényeidnek! Érzéseidet ne elnyomd, hanem fogadd el, éld meg! Szeresd magad akkor is, ha éppen dühös vagy, haragvó, mert ez segíti az elfogadást és a lelki béke kialakulását! Ne hagyd el magad, ne engedd, hogy a negatív érzelmek maguk alá temessenek, hanem állj fel, emelt fővel fogadd a dolgokat, s változtasd meg az életszemléletedet! Katasztrofális negatív élményekből, így lesz tanulás és tapasztalás, mely a fejlődésedet segíti. A sorscsapásnak tartott dolog pedig új lehetőséget rejt magában. Ne szomorkodj, ne bánkódj, hogyha úgy érzed, másképp alakulnak a helyzetek, mint remélted! Az élet különleges ajándékokat rejt számodra, melyet lehet, hogy most még nem értesz, ám később visszatekintve már láthatod az összefüggéseket. Fel a fejjel, bátorsággal felvértezve fogadd el a változást az életedben! Hozd ki belőle a legjobbat, hiszen tudod, az élet örök körforgás, mely ránk is folyamatosan hat!

Szeretettel, türelemmel, megértéssel forduljunk önmagunk s mások felé! Tetteink hatásai visszatükröződnek külvilágunkban is, megváltoztatva egész életünket!

Szeretettel, Metatron arkangyal

15.

Az elmúlt időszakban nagyon sok mindenen keresztülmentél. Értek csodás dolgok és sok megoldandó feladat tornyosult előtted. A feladatok, avagy akadályok, ahogy ti hívjátok, csupán a fejlődésedet segíti. Támogat abban, hogy erősebbé válhass. Minden egyes megoldás, vagy akadály sikeres leküzdése önbizalmat adhat számodra. Segít neked, hogy erősebbé és magabiztosabbá válj életedben. Hidd el, szeretet vesz körbe téged! Lehet, csupán elég lenne a fókuszodon változtatni! Mindaz a szeretet, mit másoknak adsz nap mint nap visszatükröződik életedben. Nézd egy kissé más szemszögből életed! Hányszor volt már, hogy amikor úgy érezted összecsapnak feletted a hullámok, és nincs megoldás problémádra, az utolsó pillanatban váratlan helyről kaptál segítséget? Gyakran onnan, ahonnan nem is sejtetted volna. Ugye előfordult már ilyen? Bízz a sorsban, és tudd minden érted történik. Ne feledd, te a szeretet fénye vagy, egy igaz szeretet lény, ki megérdemli az univerzum bőségét! Csupán kérd és fogadd el! Nem görcsösen akarni valamit, hanem csupán haladni az áramlással, mely elősegíti létrejöttét. Ha úgy érzed támogatásunkra van szükséged, hívj bennünket bátran, és mi szeretettel segítünk Neked!

Szeretettel, az Őrangyal

16.

A gyógyuláshoz más nézőpont szükséges, hisz' az, ami a betegséget s kellemetlen tüneteket létrehozta, nem fogja gyógyulásunkat elősegíteni. Hogy hol van az elakadás, azt betegségünk tünetei jelzik. Ha ezek okaira rátalálsz, életszemléleted megváltoztatásával a gyógyulást is elérheted. Ne keseregj, ne várd, hogy mások mondják meg, mi jó neked! Találd meg a válaszokat önmagadban! Tudatosan figyeld reakciódat, gondolataidat, a benned lezajló folyamatokat, és megtalálod mindazt, ami a betegséget okozza, valamint rálelhetsz a gyógyulás módjára. Légy kitartó, ápold szeretettel testedet, lelkedet ilyenkor, mint egy beteg kisgyermeket! Fogadd el az állapotodat, segítsd fizikai tested gyógyulását a szeretet erejével, gondolataid, érzéseid megváltoztatásával! Ehhez a munkához kívánok neked türelmet, kitartást és hitet!

Szeretettel, Rafael arkangyal

17.

Áldás vagy a világra! Szeretet árad belőled, mely betölti életedet. Vársz valamire? Vágyakozol valami után? Fogadd el érzéseidet, adj hálát, s örülj annak, amid most van. Ha szeretnéd elérni álmaidat, tegyél érte minden nap, kitartóan valamit. Fontos, hogy tartsd áramlásban a dolgokat. Szeretettel, türelemmel, kitartással legyél önmagad és mások felé! Őszinte szeretettel mindent megoldhatsz. Fogadd el, hogy nem mindig te irányítasz! Higgy és bízz erődben és önmagadban! Örülj minden pillanatnak s minden egyes napnak, mit megélhetsz!

Ezzel a gondolattal kívánok neked áldott, szeretetteli, szép napot!

Szeretettel, Gabriel arkangyal

18.

Ne feledjétek, az igazi csodák bennünk élnek, csak arra várnak, hogy felfedezzük őket! Ám az veszi észre a szeretetet odakinn, aki önmagában is meglátja ugyanezt. A szeretet belülről fakad. Ha szeretetet akarsz, tanulj meg szeretni – elsősorban önmagadat! Amikor rátalálsz a szeretetre odabenn, akkor megjelenik a külső világodban is. Szeretni és szeretve lenni az egyik legcsodásabb dolog. Ehhez az is fontos, hogy jobban odafigyeljünk egymásra és önmagunkra is. Adjuk meg magunknak, mit testünk-lelkünk kíván, legyen szó egy finom ételről, egy sétáról vagy egy kiadós alvásról. Amellett, hogy feltöltődünk, szeretteinkre is több időt szenteljünk! Türelemmel, szeretettel tekintsünk a körülöttünk élőkre! Vegyük számba mindazt a jót, amiért hálásak lehetünk, lássuk meg a szépet s a jót mindennapjainkban! Ezekkel felvértezve, újult erővel indulhatunk tovább utunkra.

Ehhez kívánok szeretetet nektek, áldjon az ég benneteket!

Szeretettel, Gabriel arkangyal

19.

Engedd meg magadnak, hogy szeressenek!
Engedd be az életedbe a szeretetet!
Ez segít kiszorítani a bennünk mélyen felgyülemlett félelmeket. A szeretet tiszta ragyogása átitatja a szíved, s a fizikai rendszered. Tisztítja elméd, gyógyítja tested. Ne hagyd, hogy maga alá temessen a félelem! A szeretet kiáradása segít a félelem átalakításában, elengedésében. Szeress és hagyd, hogy mások is szerethessenek! Ha szükséged van segítségre, mi itt vagyunk veled!

Szeretettel, Rafael arkangyal

20.

Az egészség törékeny dolog. Fontos, hogy odafigyeljünk testünk jelzéseire. Ne hagyjuk, hogy elfajuljanak a dolgok! Csípjük el idejében! Ám még jobb, ha megelőzzük. Megfelelő táplálkozás, elég pihenés és mozgás, valamint örömforrás legyen rendszeresen életünkben. Ebben segíthet a hála és az apró jó dolgok tudatosítása, melyek a hétköznapi életünkben rejtőznek. Amint jobban odafigyelünk életünk apró mozzanataira, könnyebben észrevesszük, s hálát adunk a jóért, mi életünkben megjelenik. Ezáltal örömtelibb lesz a napunk, s életünk minősége is javul. Töltődjünk rendszeresen azzal, mit szeretünk, és szeressük önmagunkat feltétel nélkül! Bocsássunk meg magunknak mindent, s engedjük el a negatív gondolatokat, melyek bennünk rombolnak! Ha segítségre van szükséged, hívj, s én melletted leszek. Szeretettel segítek neked. Ne hagyd el magad, és soha ne add fel! Ezt kérem tőled!

Szeretettel, Rafael arkangyal

21.

Mai témánk az élet. Egy rövid szó, mely mégis hatalmas mélységeket rejt magában. Szeretet fűzi össze az egyes képkockákat filmmé összeállítva. Csodálatos egységet alkot. Mi is az élet? Nem a vegetálás, nem az, amikor felkelve már az estét várjuk, s csak azon gondolkodunk, már megint milyen pocsék nap vár ránk. Az élet ajándék, ahogyan minden egyes nap és perc, mely megadatott. Milyen szerencsések vagyunk, hogy megélhettük ezt a napot, s megláthattuk életünkben a sok apró örömöt! Nem mindenkinek adatik ez meg. Örülj hát, hogy te köztük vagy, légy hálás mindenért, mit a sors adott! Térjünk vissza az életre! Az a csodálatos érzés, gondolat, sőt egyediség, mi lehetővé teszi tanulásunkat, fejlődésünket itt a bolygón. Ne féljünk szembeszállni a megszokással, éljük életünket úgy, ahogy nekünk a legjobb! Arra azért figyeljünk, hogy másokat akarattal ne bántsunk! Szeretettel éljünk meg minden pillanatot! Ne feledjük el, véges az idő, ami nekünk ezen bolygón megadatott! Ezért éljünk igazán örömteli életet, ragadjuk meg az apró örömöket! Merjünk kockáztatni, szívből élni! Így aztán amikor lepereg előttünk életünk filmje, boldogan mondhassuk: igazán fantasztikus élmény volt!

Szeretettel, Rafael Arkangyal

22.

Eljött az idő a változásra! Megérett a helyzet, s készen
állsz te is a továbblépésre! Ne félj, ne aggódj, minden
rendben van! Minden, ami történik, csakis a te javadat
szolgálja. Ha szeretet vezérel, minden a legjobb úton ha-
lad. Higgy hát magadban, a pozitív változásban, a szere-
tet erejében s a lélek kivirágzásában! Csoda vagy, egyedi
érték, különleges falevél az emberiség fáján, mely egye-
disége révén csodás értéket képvisel. Ne félj a változás-
tól, jót hoz neked, csodás új irányt adhat életednek! Élj
vele, szeretettel vedd körbe lelkedet, s ha néha csügge-
dés is fog el, ne félj, itt állok melletted!

Szeretettel, az Őrangyal

23.

Életed maga a csoda! Minden pillanata szeretet. Engedd el, mi már nem szolgál, zárd le a múltat, mi elmúlt már! Élj a jelenben, örömmel köszöntsd a jövőt! Tárd ki a szíved a szeretet teljessége előtt! Vágyott kapcsolataid létrejönnek, csak bízz benne! Légy türelmes, elfogadó, s bizakodva tekints előre! Életed új szintre emelkedhet, ha szabad utat engedsz a benned élő szeretetnek. Segítek utadon, támaszod leszek, csupán hívj, ha szükségét érzed! Melletted vagyok rögvest, és tudd, csodálatos ember vagy, szeretlek téged.

Szeretettel, Chamuel arkangyal

24.

Lezárva egy életszakaszt összegezzük az eseményeket, a történéseket, melyek befolyásolták az életünket. Átgondoljuk, mérlegre tesszük a negatív s pozitív dolgokat, majd okulva belőlük végleg elengedjük őket, átadva a múltnak. Célszerű ezeket a gondolatokat elengedő meditáció segítségével szélnek ereszteni, s a telihold erejét erre felhasználni. Mindezt év közben bármikor megtehetjük. Elengedhetjük, mi már nem szolgál bennünket és fejlődésünket. Ha lezárult egy fejezet, melyet új követ, mintegy fellélegzünk, s bízunk benne, hogy a következő már jobb lesz. Örömmel köszöntjük, reménytelin, hálával üdvözölve. Ez a hit tartson ki az egész évben! Ne feledjük: képesek vagyunk bármire, mit elhiszünk, s kitartóan teszünk érte! Tervezzük meg, mit szeretnénk tenni! Fogalmazzuk meg céljainkat, vágyainkat, melyek megvalósítását tervezzük! Tartsunk is ki mellette, és természetesen tegyünk érte! Zárjuk hát szeretettel, hálával a múltat, köszönjük a jót, mit adott, s azokat a szituációkat, leckéket, melyekből tanultunk! Köszöntsük örömmel az előttünk álló időszakot, s merjük megélni igazán őszintén! Ehhez kívánok nektek kitartás és sok örömet!

Szeretettel, Gabriel arkangyal

25.

A jó párkapcsolat alapja a szeretet, melyben nem csupán a párodat kell szeretni, hanem elsősorban önmagadat. Ha önmagadat szereted, eleve nem mész bele számodra méltatlan kapcsolatokba. Ám ami a világban körbevesz, azt találod meg önmagadban is. Éppen ezért, amennyiben képes vagy elhinni, hogy megérdemled, meg tudod teremteni a boldog párkapcsolatot. Ehhez be is tudod vonzani a megfelelő társat, ki egyenrangú partnerként bánik veled. Állj készen a kapcsolatra, légy életvidám, mosolygós, mint egy csodaszépen virágzó rózsa! Ezzel felkészíted a szíved a nagy találkozóra, a leendő társ fogadására. Ne alkudj meg: hidd el, csakis a legjobb jár neked, kit tiszta szívedből szeretnél, kit magadnak álmaidban elképzeltél!

Szeretettel, Gabriel arkangyal

26.

A múltat zárd le és engedd el! Ettől békesség lesz benned és ünnepi díszbe öltözik a lelked. Nem zárkózol el félve a csalódástól, hanem kitárod a szíved, szereteteddel beborítod a körülötted élőket. Ne hagyd, hogy a negatív érzések – félelem, kétség – uralják életed! Legyél bizakodó, hittel teli, így a szerelem el sem kerülhet! Kétségeid add át nekünk, s mi szeretetet, reményt, bizonyosságot csepegtetünk helyette szívedbe, melyek segítenek túljutni a mélyponton, sőt lelkileg is feltöltenek! Ehhez kívánok neked sok szeretetet, s ha szükséged van támogatásra, fordulj hozzánk, angyalokhoz bizalommal!

Szeretettel, Chamuel arkangyal

27.

Szívetek, lelketek egy ütemre ver, de várni kell még türelemmel! Összetartoztok, s ezt már érzitek, tudjátok. Ám van még azonban előtte feladatotok. Ez nem más, mint az önmagatokkal való kapcsolat rendezése. Azt elvégezve, a leckét megtanulva egymáséi lesztek, ahogy az a nagykönyvben meg van írva. Egymásnak teremtettek benneteket! Az ég megáldott benneteket és kapcsolatotokat! Vigyázunk rátok, ne feledjétek!

Szeretettel, Chamuel arkangyal

28.

Eljött a te időd, eljött a változás ideje, eljött a béke ideje.
Ahhoz, hogy a békére rálelj, merülj el önmagadban, mert
a válaszok benned vannak! A változás magában hordozza
az újjászületést is. Minden egyes átalakulás nehézségek-
kel is járhat – gondoljunk csak megszületésünkre –, ám
ami utána ránk vár, megéri a kényelmetlenségeket. Ne
adjuk fel hitünket, bízzunk az Univerzum teremtő erejé-
ben, saját erőnkben! Üdvözöljük a változást életünkben,
hisz' ezután alapvetően alakulhat át pozitív irányba! Eh-
hez kívánunk neked kitartást, hitet és bátorságot! Ám
ha szükséged van tanácsra, segítségre, itt állunk mellet-
ted. Csak hívj, és segítünk neked!

Szeretettel, Uriel arkangyal

29.

Minden apró mozzanat magában hordozza a változás lehetőségét. Rajtunk áll, élünk-e vele bátran, vagy ott maradunk egyhelyben toporogva, sebeinket nyalogatva. Merj rálépni a változás ösvényére!

Szeretettel, Metatron arkangyal

30.

Állj meg egy pillanatra! Ne siess annyira! Nézz körül! Mit látsz? Az első pillanatban talán nem tűnik fel neked semmi, ám aztán ahogy nem csupán a szemeddel, hanem a szíveddel is körbepásztázod a tájat, kincsekre bukkanhatsz. Emitt a fán, rigómama hordja fészkére éhes fiókáinak az ebédet. Amott egy kisfiút vigasztal édesanyja, ki elesett, s térdét fájlalja. Nézd csak, a lábad előtt apró kis virág, százszorszép nyílik, mely egyszerű szépségével betölti környezetét! Látod, ott szemben, a parkban épp egy kutyus ugrik a magasba, hogy a felé repülő kislabdát elkapja? Melletted sétál egy kedves fiatal pár, kiknek egymás iránti szeretetét te is érzékelheted. Amott távolabb, vörös cica pihen a tetőn. Végül érezd a napsugarakat, melyek arcodat cirógatják, szél úrfit, aki hajadat borzolja, s az égen tovasuhanó felhőgombolyagokat! Továbbindulva már nem ugyanaz vagy, ki pár perccel korábban megállt. A csoda, mit láttál, sok mindent megváltoztatott. Lassabban ballagsz tovább, odafigyelve az élet apró szépségeire, melyek feltöltenek s örömtelibbé teszik a napod. Állj meg egy pillanatra, vedd észre a sok kicsiny csodát, mi körülvesz! Engedd, hogy általa életed boldogabb legyen!

Szeretettel, Gabriel arkangyal

31.

Amikor azt hiszed mindennek vége, minden elromlott az életedben, felvillan egy halvány reménysugár, mely, mint egy vezércsillag utat mutat, s erőt ad a nehéz időszakban. Kövesd hát a csillagod, hisz van kiút a sötétből, s a reménytelenségből! Számíthatsz ránk is, hívj, ha szükséged van ránk!

Szeretettel, Gabriel arkangyal

32.

Nem csupán hely és idő szükséges önmagunk megismeréséhez, hanem az akarat, s a felfedezési vágy, önmagunk iránt. Ez, ha belülről fakad, nem csupán külső elvárásokból, képes hegyeket megmozgatni, s bennünk hatalmas változásokat előidézni. Ne azért tegyél, vagy ne tegyél valamit, mert másoknak akarsz megfelelni! Inkább a szívből jövő érzések vezéreljenek! Ebben tudunk segítséget nyújtani neked Mi, angyalok. Hívj bennünket, ha segítségre van szükséged, s mi ott leszünk!

Szeretettel, Jophiel arkangyal

33.

Az univerzális szeretet angyala vagyok. Segítek neked megtapasztalni a mindent átható isteni szeretetet. Csak kérd, s én melletted vagyok, támogatom életedet!

Szeretettel, Asmodel angyal

34.

Mi is az a fejlődés, tudatosodás, öntudatra ébredés? Önmagad megismerése, s azon keresztül tekinteni a világra. Ezt korábban nem megérzéseid, valós érzéseid és a szeretet jellemezte, hanem általában pillanatnyi indulatok, saját érzések uralta nézőpontok hatása határozott meg. Ám ahogy tágul ismereted önmagadról és tudatosabbá válsz, úgy változik a körülötted lévő világ. A negatív érzések, félelmek szép lassan eltűnnek, helyettük hála, szeretet és pozitív életszemlélet határozza meg életedet. Megismered, megszereted igazi önvalódat. Nem csupán külsődet s egyes tulajdonságaidat, esetleg némely tettedet kedveled, hanem egységedet. Ha változik az önmagadról alkotott képed, változik a világ is körülötted. Mindez elősegíti fejlődésedet, tudatosodásodat, s magabiztosságodat. Ahogy egyre szélesebb rálátásra teszel szert életedben önmegismerés, meditáció segítségével, tudatosan előtérbe kerül életfeladatod beteljesítése. Más szemmel nézed önmagad, valamint a világot. Megbocsátás, szeretet, s elfogadás, mit megélhetsz.

A változás életed más területein is megmutatkozik. Javul egészséged, mert igényed alakul ki az egészséges ételekre, a rendszeres mozgásra. Javulnak emberi kapcsolataid s párkapcsolatod, mert már nem a játszmák határozzák meg életedet. Megtalálod az ideális munkát, s feltöltődési formát. Mindez segít, hogy a kimerültség helyett az energetizáltság legyen a meghatározó állapotod. Teljesen átalakul életed. Ehhez kívánunk neked kitartást, hitet, s hívj, ha segítségre van szükséged!

Szeretettel, Jophiel arkangyal

35.

A víz, akár hullámzó folyó képében jelenik meg, a léte-
lemed, s éltető energiád, melyre szükséged van feltöltő-
déshez. Járj minél gyakrabban sétálni a vízpartra, mert
egyik legfőbb éltetőd lehet! Ezt ne feledd! Ne legyél rest,
eredj, s tölts még több időt víz közelében!

Szeretettel, Jophiel arkangyal

36.

Sokszor jártál már ezen az úton, és többször megfordulsz még elhiheted. Amivel a legjobbat teheted magadnak, hogy a legtöbbet hozod ki mindabból, mi neked ebben a létben megadatott. Nevess, örülj, sírj és kacagj nagyokat! Hisz egy igazi csoda vagy! Merj nagyokat álmodni! Élvezd az életed, s szerezz tapasztalatokat! Ha bármiben segíthetünk, hát itt vagyunk melletted, csak hívj, s itt leszünk!

Szeretettel, Gabriel arkangyal

37.

Fogadd meg kérlek, Kedvesem!
Elengedem a múlt fájdalmát, sérelmeit, hogy a lélek sebeit begyógyítva, léphessek tovább egy szebb, örömtelibb jövőbe!
Ha ehhez segítségre van szükséged, hívj bennünket!

Szeretettel, az Angyalok

38.

Változásban van körülöttünk a világ, mi is változunk. Ezt érezzük magunkban, s környezetünkben is. Ki jobban, ki kevésbé érzékeli a jeleket, a folyamatokat, mégis mindannyiunkban ott van valami vibrálás, egyfajta nyugtalanság érzése. Ebben az időszakban, melyet az átalakulás jellemez, a telihold energiája is segít elengedni mindazt, mi már nem szolgál bennünket – szokásokat, viselkedési mintákat, gondolati berögződéseket. Metatron arkangyal a változást és az átalakulást segíti elő bennünk. Ha szükséged van segítségre, hívd őt nyugodtan!

Szeretettel, az Őrangyal

39.

A csoda bennünk él és körülöttünk, apró hétköznapi dolgokban. Egy mosolyban, egy kedves szóban, egy ölelésben, egy útmenti, apró virágban, a madárdalban, s a reggeli napsugárban. Vedd hát észre ezeket, mert általuk örömtelibbé és boldogabbá válik életed!

Szeretettel, Gabriel arkangyal

40.

A változás belülről fakad. Egy érzéssel, egy gondolattal kezdődik, mi továbbgyűrűzik, s végül tetthez vezet. Hallgassunk a súgó hangra, a belső megérzésre, mely utat mutat számunkra!

Szeretettel, Jophiel arkangyal

41.

Az otthon egy hely, melyet nem külső tényező határoz meg, hanem az érzés, melyet benned lakozik. Te magad teremted meg az otthon érzését önmagadban. Bárhol előhívhatod, s mindenhová magaddal viheted. Ezt mindig tartsd szem előtt, ha szeretnél új helyre költözni, vagy a mostanit egy kicsit lakályosabbá, kellemesebbé tenni!

Szeretettel az Őrangyal

42.

Áldozat nélkül nincs győzelem! Valamit valamiért! Ha valami újat, mást szeretnénk elérni, mint eddig, akkor valami mást is kell tenni, nem olyat, mint eddig. Hisz az állandó körforgásból úgy tudunk kilépni, ha kényelmi zónánkon kívül merészkedve, valami újba kezdünk. Valamit más nézőpontból ismerünk meg, ezáltal lehetőséget kapunk új megtapasztalásokra a megszokott régi sémák helyett. Ne féljünk hát valami mást, valami eddig szokatlant tenni, hisz az hozhatja meg az előrelépést és a változást életünkben! Ha segítségre van szükséged, hívj nyugodtan bennünket! Szívesen segítünk Neked!

Szeretettel, Gabriel arkangyal

43.

Ha sikerül megtalálni minden nap örömét, szépségét,
legyen bármily apró is, segít átlendülni a holtponton.
Szebbé teszi a napod!

Szeretettel, Rafael arkangyal

44.

Nem a tűzoltás a fontos, hanem a megelőzés. Ügyelve magunkra, rezgésszintünket magasan tartva. A betegség alacsony szinten rezeg. Ha te magasan vagy, észre sem veszed. Hogyan tudod elérni mindezt? Tudatos, kitartó munkával, mely meghozza a gyümölcsét. Először is, kerüld a lehúzó médiát, embereket! Igen, kerüld, akkor is, ha barát vagy családtag, aki folyton panaszkodik! Ehelyett igyekezz minél többször olyan dolgokat tenni, melyek energiádat növelik! Fontos a rendszeres séta, mozgás a szabadban, a helyes étkezés, éppúgy, mint a sok pihenés és kikapcsolódás. Olyan tevékenység, mi feltölt, örömet ad. Lehet olvasás, tánc, zenehallgatás vagy alkotás – kinek mi az, amit szeret. Fontos a rendszeres meditáció és elmélyülés, önmagunkra s belső világunkra figyelés. Gyomláljuk ki negatív gondolatainkat, félelmeinket, aggodalmainkat, valamint érzéseinket. Váltsunk szemléletet! Leljük meg minden helyzetben a jót, mi segít feldolgozni egy-egy nehéz szituációt, feladatot. Tanuljunk meg örülni az apró dolgoknak, s irányítsuk rá a tudatunkat, hogy észrevegye a körülöttünk megbújó szépségeket! Lássuk meg, értékeljük az apró kis boldogságcseppeket! Az egészséges lélek egészséges tetet, magas energiaszintet eredményez. Szeresd, tiszteld önmagad, s fogadd el olyannak, amilyen vagy! Ha szükséged van segítségre, hívj bátran! Az angyalok örömmel és szeretettel segítenek neked.

Szeretettel, Rafael arkangyal

45.

Az élet pillanatokból áll össze. Gyűjtsük csokorba, mi örömet adott, s ezekből a pozitív élményekből táplálkozhatunk a nehezebbnek érzett napokon!

Szeretettel, Rafael arkangyal

46.

Könnyen gördülnek a betűk, a szavak, melyek vigaszt s
megnyugvást adhatnak. Az írás egyfajta terápia, mely
segít feldolgozni a bennünk lévő dolgokat, helyzeteket,
s gondokat. Szeretettel állunk neki, kiadva az érzésein-
ket, s ez már önmagában is megkönnyebbülést nyújthat.
Írhatunk naplóba önmagunknak, de lehet másoknak is,
hogy tanulhassanak belőle, gazdagodhassanak általa,
utat mutassanak számukra. Írj hát, írd ki örömöd, bá-
natod, szomorúságot – hidd, el megkönnyebbülsz álta-
la, és a megoldásra is hamarabb rálelhetsz!

Szeretettel, Chamuel arkangyal

47.

Mi is az élet? Az igazi élet? Élmények, pillanatok, csodák és szeretet összessége, mely elkísér téged egy életen át! A szeretet elvarázsol, a szeretet megbabonáz, a szeretet minden, a legtöbb, mit e csodás világ a részünkre kínál! Az élet olyan, mint egy habostorta: könnyűnek tűnik, de amikor beleharapsz, a közepében egyre erősebbé és tartalmasabbá válik.

Szeretettel, Gabriel arkangyal

48.

Új úton indulsz el most, mely sikerre vihet, tudom, van elég kitartásod, magadba vetett hited, hogy megtedd, mit elterveztél. Odabenn mélyen érzed az elhivatást. Ez lehet akár asztalos, vagy tűzoltó esetleg a tanítás. Bármibe is fogsz, szívvel-lélekkel csináld, mert úgy ér valamit igazán. Szeretettel övezd a tanulást, a tudást és a szakmát. Hidd el, rátalálsz arra, mit keresel, s be tudod építeni életedbe, mindennapjaidba, amit örömmel csinálsz! Higgy abban, amit csinálsz! Ez a legfontosabb, mely máris fél siker! Csakis így indulj hát el!

Szeretettel, Gabriel arkangyal

49.

Amikor a természetben sétálsz távol a város zajától, megpihen a lelked, s kicsit megpihenhetsz te is. Földanya segít letenni a terhet, mi vállad nyomja. Felfrissíti tested és szellemed. Elfújja, mindazt a stresszt, mi felhalmozódott benned. Mit kell hozzá tenned? Elég csupán kimenned a természetbe. Sétálni egy parkban, a közeli erdőben, vízparton. Már egy rövidebb gyaloglás is csodákat tehet, ha hagyod, hogy a természet levegye válladról a terhet, s a lelked a természet lágy ölén kicsit megpihenhet. Ehhez nyújthatnak segítséget a természet szellemei, s az angyalok. Csupán hívd őket, ha segítségüket akarod! Szíves örömest jönnek, hogy segíthessenek Neked!

Szeretettel, Rafael arkangyal

50.

Olykor elég csupán egy mosoly, mely a szívhez elér.
Egy szeretetteljes pillantás, mi lelkünkig hatol.
Egy ölelés, melyben megbújik a szeretetet.
Egy kedves szó, mely több mint ígéret.
Egy kis törődés, mely, bút feledtet.
Olykor csupán elég egy Csepp törődés, mely feltölti a szívedet, lelkedet.

Szeretettel, Gabriel arkangyal

51.

Öröm adni és kapni! Egy apróság, akár csodaszép virág, vagy különleges formájú kavics, apró ajándék a közeli boltban, melyre olykor rábukkansz, hazahozod, mert tudod, valakinek nagy örömet szerezhetsz vele. Nem kell nagy dolog, és nem az a fontos, hogy értékes legyen. Inkább egyedi, személyre szabott, szívhez szóló, az fontosabb! Amikor átadod felcsillan a szeme, nevetés fakad ajkán, s egész arca örömtől ragyog. Nézegeti, kézbe veszi ajándékát, ezután rád néz és mosolyog. Megkeresi a helyét, szépen elhelyezi. A hétköznapok forgatagába olykor-olykor rápillant, boldogság önti el szívét. Egy kedvesség, apró öröm, valakitől, aki rád gondolt, akinek fontos vagy. Te, aki adod, szintén jól jársz, hisz öröme átjárja lelked, téged is feltölt boldogsággal. Sikerült a napját egy számodra kedves embernek tetteddel szebbé varázsolni. Napi boldogságcsepp mindkettőtöknek!

Szeretettel, az Őrangyal

52.

Várni és elvárni nem a legjobb gondolat, hiszen így elszalad melletted az adott pillanat. Elsuhan, mintha ott sem lett volna. Ne siess, ne rohanj folyton, ne várj mindig valakit s valamit, mert így a jövőbe helyezed fókuszod, s a jelen pillanat elillan, anélkül, hogy a maga teljességében megélted volna. Örülj a mának, élj a pillanatban, és élvezd, amit az élet adott, amíg csak tudod!

Szeretettel, Gabriel arkangyal

53.

A félelem negatív energia, alacsony rezgésszint, mely elősegíti a betegségek felbukkanását, bevonzását. Ha felüti fejét a bensődben, ne hagyd, hogy úrrá legyen rajtad! Egy szeretetteljes érzés, gondolat megjelenítése segíthet ebben a helyzetben. Valami, ami örömet adhat. Ha makacsul visszatér a félelem, fogadd el létezését. Köszönd meg, hogy segített tanulni, veled volt, majd engedd útjára. Ne hagyd, hogy eluralkodjon rajtad, és átvegye érzéseid, gondolataid felett a hatalmat! Keress valami örömteli elfoglaltságot: sétálj a szabadban, mozogj, táncolj, énekelj, alkoss, tégy bármit, ami meghozza az életörömödet. Ez segítséget nyújt a félelmeiden való felülemelkedésben s magasabb rezgésszint elérésében. Ha szükséged van segítségre, hívd nyugodtan az Őrangyalod! Számíthatsz rá, ahogy bennünket is kérhetsz, segítsünk elengedni félelmeid.

Szeretettel, Rafael arkangyal

54.

Drága Kincsem,
Hozzád fogható, több már nincsen.
Te vagy a nappal, és az éjszaka,
s te vagy a ragyogó csillagok mosolya.
Maradj is ilyen mindig!
Az elesettek megbízható, erős, és irgalmas támasza.
A talajt vesztetteknek szerető fáklyája,
mely fényt visz a sötétségbe,
s reményt ad a szomorú szívnek.
Légy te maga az élet, a vitalitás!
Légy te az irány és az útmutatás!
Ne hagyd, hogy a bánat felemésszen,
a gond, s a baj maga alá temessen!

Keresd a jót, a szépet,
és mutasd meg mindezt a körülötted élőknek,
mutasd meg Mindenkinek!
Fel a fejjel, hisz benned az erő, a kitartás, s a szeretet!
Továbbra is szeretettel óvd a Tieidet!

Bocsáss meg azoknak,
kik téged bántottak!
Bocsátsd meg tökéletlenségüket!
Legyél őszinte, határozott, és szelíd!
Áldással köszöntsd a körülötted élőket,
valamint saját életedet!
Légy önmagad legőszintébb társa, s barátja!
Légy az, akinek nincsen határa!
Kívánom Neked a teljes megélt életet,
a boldogságot, a tapasztalást, és az örömet!

Szeretettel, az Őrangyal

55.

Türelem, higgadj le végre és tanulj meg nemet mondani. Szabd meg jobban határaid! Ne engedd, hogy átgázoljanak rajtad, s felemésszenek akaratukkal! Légy önmagad! Szeresd és tiszteld magad, hisz csupán így fogsz tudni mást is igazán elfogadni, s szeretni!

Szeretettel, az Őrangyal

56.

Valós világunk csupán egy gondolat a világmindenségben. Mégis számunkra a mindent jelenti. Éppen ezért, éljük meg úgy, hogy az a legteljesebb legyen! Nevessünk és sírjunk! Örüljünk, és ha úgy érezzük morogjunk! Merjük azt érezni, ami valójában bennünk van, s ne féljünk azt kimutatni! Sétáljunk az esőben, táncoljunk a napfényben, s örüljünk minden pillanatnak, mi részünkre megadatott!

Szeretettel, Gabriel arkangyal

57.

Rövid gondolatot szánok a mai napra, ahogy kérted, hisz' sokszor egy rövid gondolat többet ér, mint a hosszú litánia, mit órákon keresztül olvashatsz, és a végén számodra úgy tűnik, mégis se füle, se farka. Olykor a kevesebb többet mond, s többet adhat. Éppen ezért mai témánk ismét a szeretet. A szeretet varázsa benned van. Ott mélyen, legbelül. Hívd hát elő bensődből, s érezd, hogy eláraszt téged és a körülötted élőket! Mint napsugár aranyozza be mások életét, sőt szebbé teszi önmagáét. Ámítás nélkül mondhatom: érdemes engedni, hogy a mélyből kitörjön, s mindent elöntsön, aranyló fénysugárként másokra verődjön. Ragyogó fénysugár és remény leszel számukra a csüggedés óráin. Engedd hát el a kételyeket, a korlátozó tényezőket! Tárd ki a szíved, s engedd meg magadnak a tiszta szívből áramló szeretetet! Köszönöm, hogy meghallgattál! Én mindig melletted vagyok. Kívánom, hogy ma is legyen ragyogó, szép, örömteli napod!

Szeretettel, az Őrangyal

58.

Alapvetően nagyon sok szokás rabjaként éljük hétköznapjainkat. Vannak közöttük remekül beváltak, de olyanok is melyek megértek a változásra. Természetesen a lehetőség megvan az átalakulásra. A megoldás bennünk van. Nézzük csak a folyamatot. Először is fogadjuk el létét, ne tagadjuk. Jelenleg része életünknek. Valamiért kialakult. Idáig kísért utunkon bennünket. Az okát ne firtassuk. Inkább köszönjük meg eddigi létét, majd engedjük el békésen. Már nincsen rá szükségünk. Aztán óvatosan figyeljük önmagunkat. Ha előjön a szokásos viselkedés, álljunk meg egy pillanatra! Tudatosan döntsünk másképp! Nem egyszerű nyakon csípni, hisz oly régóta része életünknek, hogy nehéz meglátni, amikor felbukkan. Viszont amennyiben kitartóak vagyunk, és tudatosan figyelünk rá, képesek leszünk átalakítani eddigi szokásunkat. Ne keseredjünk el, ha nem sikerül rögtön, fogadjuk el, hogy ez egy hosszabb folyamat, mely nem megy egyik napról a másikra. Ám a kitartást, és a munkánkat végül siker koronázza.

Szeretettel, Gabriel arkangyal

59.

Halld meg a belső hangot, mely a tudást hordozza!
Halld meg a suttogást, mely lelked legmélyén szól!
Halld meg és kövesd az útmutatást, mely segíti fejlődésedet nap mint nap!

Szeretettel, Gabriel arkangyal

60.

Nem az a fontos hol vagy éppen, hanem az, mi lakik a szívedben. Ha a szívben béke és szeretet honol, mindenhol békére lelsz, otthonra találsz!

Szeretettel, Gabriel arkangyal

61.

Ma azért jöttem el hozzád, hogy megnyugtassalak. Az utóbbi időben egyre feszültebbé vált életed. A bizonytalanság újabb és újabb kihívások elé állít téged. Ne ijedj meg tőle, hiszen a sors csakis olyan feladatokat ad számodra, melyeket képes vagy sikeresen megoldani! Tehát ne csüggedj, hanem emelt fővel vágj bele a sűrűjébe! Egy ilyen időszak arra is alkalmat ad, hogy önmagadra figyelj, önmagadat megismerd, s rendbe tedd! Igen ám, de hogyan? Mi az, ami ebben az időszakban a legnagyobb segítséget nyújthatja? Ezek nem mások, mint a hála, a belső béke és szeretet gondolatai. Hála? Miért is lennék hálás, mikor egyre nehezebbé válik az életem, s látszólag eltűnik minden, ami eddig kapaszkodót nyújtott? Minden bizonytalan, minden változik. Miért is lehetsz hálás ebben az időben? Hát mindazért, mit eddig természetesnek vettél! Az egészségedért, a meleg otthonért, a családért, a munkádért, a folyóvízért és áramért, az ételért, melyet a családnak az asztalra tehetsz. Van, hol álomra hajtsd fejed, s van ruhád, mit másnap felvehetsz. Mindazért, mid van, s mindazért mit nap mint nap megkapsz! Emellett apró dolgokért, mely mellett lehet, hogy most csupán elszaladsz. Pedig, ha egy picit lelassítasz, észreveszed a kertben nyíló apró virágot, a napsütést, a mosolyogva labdázó gyermeket, melyekért aznap mind hálás lehetsz. Tudatosan keresd azokat a dolgokat, minek örülhetsz, miért jár a hála, és köszönd meg őket, s így még több olyat hozol be életedbe, amiért hálás lehetsz! Így csökkentheted, s átalakíthatod a benned felhalmozódott feszültséget. Persze, a belső békét ilyenkor a legnehezebb megőrizni, hisz' a külső hatások miatt rád törhetnek negatív érzések. Ezeket nem szabad félvállról venni: el kell fogadni létüket, de belesüppedni a negatív érzelmekbe nem szabad. Nem jó mesélni fűnek-fának aggodalmunkat, vagy épp folyton attól rettegni, mit hoz a holnap. Ha érzed, ilyen helyzet kerített hatalmába, ne hagyd magad! Gondolj valami szépre, mi örömet adott, hallgass jó zenét, meditálj, dobolj olvass, vagy sétálj a természetben! Énekelj, hisz' a dalolás is segíthet átlendülni a nehéz pillanatokon! A szeretet talán a legfontosabb. Nem csupán a család, a gyermekek iránt, hanem minden élő és létező iránt. Szeretet a madarakért, a réten megbúvó apró rovarokért, a fűszálon megcsillanó vízcseppért, a lenyugvó napért, a barátokért, s a szomszéd néniért. Szeretet az ellenségemnek, és szeretet a veszekedőnek, kinek talán éppen erre van a legnagyobb szüksége. Szeretet, mely, ha szívből jön, megváltoztathatja életedet. Szeress hát, érezz hálát mindenért, mit az élet részedre tálcán kínál! Ilyenkor a béke eltölti bensődet, sérülés nélkül segít átvészelni a nehéz időszakot. Így ahelyett épülsz belőle.

Szeretettel, az Őrangyal

62.

A félelem belülről fakad, bizonytalanság a szülőanyá-
ja. Ne hagyd, hogy a múlt tapasztalatai és a jövő képlé-
kenysége félelmet szüljön benned! Legyél bizakodó, élj
hittel, mely a szívedből fakad! Legyél a mában, a pilla-
natban, ahol épp vagy! Ez segít áthidalni a félelmeket és
az agyalást abbahagyni.

Legyen béke a szívedben, s a jövőbe vetett hited adja az
erőt!

Ha szükséged van segítségre, csak hívj és segítek Neked!

Szeretettel, Zadkiel arkangyal

63.

Békesség legyen benned, s az lesz körülötted is! Engedd el a múltat, min már nem változtathatsz! A jövő ne aggasszon, hisz messze van még! Éld meg a jelent a maga teljességében!

Szeretettel, Chamuel arkangyal

64.

Itt az idő a változásra!
Ne habozz, ne félj! Merj belevágni az újba. Lépj az ismeretlenben, ahol önmagadra lelhetsz! Ha támogatásra van szükséged, csak hívj bennünket!

Szeretettel, az Angyalok

65.

Az otthon az a hely, hol békére lelhetsz!
Az otthon egy csodás világ, hol nyugalomra lelhetsz!
Az otthon igazán különleges hely, melyet te teszel olyanná amilyen!
Tedd a béke szigetévé otthonod, s hívj, ha segítségre van szükséged, én ott vagyok!

Szeretettel, Chamuel arkangyal

66.

Készen állsz rá! Készen állsz az öröm és boldogság megélésére és befogadására!
Készen állsz a szeretetre, valamint a céljaid elérésére!
Légy bátor, félelmed dobd sutba!
Indulj el, hisz' az új úton csodás élmények várnak terád!
Indulj hát, vár a világ!

Szeretettel, Michael arkangyal

67.

Szeretnél néha megpihenni, egy szeretetteli ölelésben feloldódni? Elengedni minden bút és bánatot, mindazt mi életemben nehézséget okoz?

Rövid ideig nem erősnek lenni, hanem leengedni, merni védtelennek lenni?

Merni más előtt megnyílni, s igazán őszintének, sebezhetőnek lenni? Nem kell mindig erősnek lenni!

Merj egy szeretetteli ölelésben igazán feloldódni!

Merj emberi lenni!

MERJ IGAZÁN ÖNMAGAD LENNI!

Szeretettel, az Őrangyalod

68.

Az élet nem egyenes út! Olykor kanyarok tarkítják, néha hurkok vannak benne. Ám ezek mind fejlődésünket szolgálják. Fogadjuk el az életet, olyannak amilyen, s ne aggódjunk rajta!

Szeretettel, Chamuel arkangyal

69.

Áldás vagy a világra!
Szeretet árad belőled, mely betölti életed!
Vársz valamire? Vágyakozol valami után?
Fogadd el, adj hálát, s örülj annak, amid most van. Ha
szeretnéd elérni álmaid, tegyél érte mindennap, akár csu-
pán keveset is! Fontos, hogy tartsd áramlásban vágyai-
dat! Szeretettel, türelemmel, kitartással legyél önmagad
és mások felé! Őszinte szeretettel mindent megoldhatsz!
Fogadd el, hogy nem mindig te irányítasz! Higgy, és bízz
erődben, önmagadban! Örülj minden pillanatnak, s min-
den egyes napnak, mit megélhetsz!
Ezzel a gondolattal kívánok neked áldott, szeretette-
li szép napot!

Szeretettel, Gabriel arkangyal

70.

Nagy nap ez a mai!

A legszebb nap, amikor esélyt kapsz arra, hogy mindent újra kezdj, vagy megváltoztass!

Ma van arra esélyed, hogy meglásd magad körül a jót és a szépet, hogy értékeld erőd és életed!

Ma van az a nap, *amikor* változtathatsz, új dolgokba kezdhetsz, s a régi berögződéseket felülírhatod!

Ma van a legjobb nap az újrakezdéshez, az új alapok letételéhez!

Ma van az a nap, amikor boldogság mellett dönthetsz!

Hisz a tegnap már elmúlt, a holnap pedig még nincs itt!

Ma van az a nap, amikor megváltoztathatod életed!

Szeretettel, Chamuel arkangyal

71.

Néha oly nehéznek tűnik minden. Úgy érezzük összecsapnak fejünk felett a hullámok. Ám egy apró pici reménysugár, mindig ott van előttünk és arra vár, hogy meglássuk. Megcsillan szívünkben, erőt adva, kitartásra ösztönöz, új utat mutat számunkra. Ha észrevesszük meghozza gyümölcsét! Ha tudatosan figyelünk rásegít a legmélyebb gödröket is magunk mögött hagyni!
Indulj el bátran, szembenézve a félelmekkel!

Szeretettel, Michael arkangyal

72.

A mai nap, pont az a nap, amikor rátalálhatsz a boldog-
ságra.
Itt és most!
Vedd észre mindazt, mi körülötted ragyog!
Éld át az örömöd és találd meg a harmóniát!
Legyél ma boldog!
Csak mert vagy, mert létezel!
Ez a legcsodálatosabb dolog!

Szeretettel, Gabriel arkangyal

73.

Egy békés, szeretetteljes pillanat beragyogja a napodat! Vedd hát észre, s merd megélni igazán! Engedd be a szívedbe a szeretet dalát! Ha szükséged van segítségre, hívj és én ott leszek!

Szeretettel, az Őrangyal

74.

A hétköznapok egyhangúságában fedezd fel a mosolyt! Vedd észre a körülötted megbújó szépségeket és élvezd az egyszerűséget, a nyugalmat, melyet ez a nap megad Neked!

Szeretettel, Gabriel arkangyal

75.

A világ csupán káprázat. Mindenütt harmónia és rend uralkodik. Ami bent, az kint. Találd meg a harmóniát önmagadban, s rálelsz a világban is!

Szeretettel, Gabriel arkangyal

76.

Találd meg a lelki békéd, Önmagadban!
Merülj el csodálatos lelki világodban!
Vedd észre az apró kis üde színfoltokat, a békesség kicsiny csíráit, melyek szárba szökkenve, folyamatosan táplálva segítenek a belső harmóniád megteremtésében!

Szeretettel, Chamuel arkangyal

77.

A pénz csupán egy energia, mint minden körülöttünk, nem pedig egy mumus mit el kell kerülnünk. Ne ragaszkodj hozzá, ne aggódj miatta, mindig elegendő áll rendelkezésünkre belőle! Mégis mintha félnénk tőle, hogy sose lesz elég kifizetésekre, számlákra vagy megélhetésre. Ez viszont olyan tapasztalatokat hoz be életünkbe, mit egyáltalán szeretnénk. Lehet egy régi minta, berögződés, vagy akár önértékelési probléma, mely szerint nem érdemeljük meg a pénzt, az anyagi sikert. Mindez épp elég, hogy távol tartsa életünkből az anyagi bőséget, s beleragadjunk egy nem kívánt állapotba. Ám ha elengeded a múltat, csupán az adott pillanatban élsz, hálát adsz, minden egyes fillérért, s el tudod képzelni minden átéléssel, hogy megérdemled az anyagi bőséget, akkor hamarosan fizikai életedben is megjelenik! Áldással fizesd a számlákat, valamint a vásárlást is így intézd. Ez segít bevonzani még több pénzt! Néhány megerősítés, melyet átéléssel elmondasz, szintén segíthet rövid időn belül: „Hagyom, hogy az univerzum bősége beáramoljon

életembe!", „Megérdemlem az anyagi bőséget itt és most!".
Ezeket mantrázva, mély átéléssel jó eredményt érhetsz el
hamarosan. Ha el tudod képzelni, hogy a vágyott pénz-
összeg már a tiéd, örülni tudsz neki igazán, és teszed
ezt kitartóan, akkor hamarosan valósággá válik. Ehhez
a munkához, s a teremtéshez sok sikert kívánok! Ha se-
gítségre van szükséged, kérd az Angyalokat.

Szeretettel, Rafael arkangyal

78.

Itt vagyunk veled, ezt soha ne feledd!
Számíthatsz ránk, vigyázunk rád!
Ha gond, vagy baj ér és szükségét érzed segítségnek,
csupán hívj bennünket, s mi itt leszünk veled, támoga-
tunk téged!

Szeretettel, Angyalok

79.

Minden napnak megvan a maga boldogságcseppje! Engedd meg magadnak, hogy rátalálj!

Szeretettel, az Őrangyal

80.

Oly sokszor fordul elő, hogy az ember megborul. Csak úgy lelkileg. Lehet, hogy nem is látható külső indok, mert benn a mélyben szakad el valami, amit már régen magába temetett. Azt hitte örökre elzárta, ám történik valami apróság, mely a biztonságosnak hitt páncélt megbontja, s repedezni kezd a felszíne. Ez még nem a kitörés ideje, csupán az elindulást mutatja. Azt jelzi, hogy nem mehet így tovább! Nem rejtheti örökre véka alá minden elfojtani akart gondolatát és érzését, attól való félelmében, hogy azok fenekestül felforgatják életét. Ám ahol megjelent a repedés, elég egy apró történés, valami hétköznapi, amely a törést felszántva, a szépen magunkba elásott dolgokat a felszínre hozza. Nem csendesen, és kedvesen, ahogy ezt elfogadhatnánk, hanem mint kerekedő forgószél tör elő, s minden addigi érzést, gondosan felépített légvárat menthetetlenül elsöpör. Lehet ilyenkor kapálózni, a dugót újra visszadugni a palackra, de már késő. Addigra minden megváltozik, semmi sem lesz ugyanaz, mint korábban. Talán jobb is, bár tény, hogy sokkal nehezebb. Mert itt az idő szembenézni az eddig mélyen eltemetett érzésekkel, félelmekkel és mindazzal, mi bennünk lakozik. Ilyenkor süvítenek a valós érzések, olykor leomló toronyként romba döntve mindent maguk körül.

Káosz kerekedik. Minden, ami biztosnak tűnt, elillant, mint a könnyeden szálló pillangó. Ám a romok helyén új virágok bontják szirmaikat, s egy új őszintébb, talán örömtelibb élet indulhat útnak. Ahhoz, hogy mindez kikerekedjen, a réginek mennie kell. A feltört érzéseket gondolatokat meg kell élni, akár végletesen. Utána tudjuk a mélyen magunkba zárt bennünket mérgező dolgokat szeretettel elengedni. Ennek is van egy folyamata. Nem megy azonnal bármennyire is szeretnénk. Ám segítséggel, nagyfokú önmunkával ez is sikerül. Megélés a maga teljességében, az elengedés és a továbblépés. Ehhez azonban időre és türelemre van szükség. No és persze elfogadásra. Elfogadni, hogy senki sem tökéletes. Én sem. Ember vagyok, esendő. Elfogadni önmagamat és másokat olyanoknak, amilyenek. Elfogadni a folyamatot, mely most végbemegy, feje tetejére állítva az eddigi világot. Ám ezek után egy őszintébb, s egészségesebb élet vár, ez legyen a kapaszkodó.

Szeretettel, az Őrangyal

81.

Amikor tollat ragadsz és papírt veszel elő az egyik legősibb kifejezési formát használod. Az írás önkifejezési eszköz, alkotás és egyfajta szerelem. A kiteljesedés lehetőségének egyik legszebb formája. Ha késztetést érzel, ne habozz, vágj bele és kezdj el írni, alkotni. Meglásd rálelhetsz újra általa önmagadra, s a benned élő isteni egységre! Ha segítségre van szükséged keress nyugodtan! Segítek neked!

Szeretettel, Gabriel arkangyal

82.

A nap még egy utolsó csókot lehel a tájra, mielőtt a hegyek mögött nyugovóra tér. A víztükör mintha feszített vászon lenne, a természet lágy ölén. Elpihen a táj, s lassan nyugovóra tér az ember. A naplementét az éj követi. Az álmok és a vágyak titkos világának ideje jön el, amelyeket gyakran önmagunk előtt is eltitkolunk. De miért? Talán félünk, saját gondolatainktól, érzéseinktől, vagy meg akarunk felelni a különböző elvárásoknak. Az is lehet, hogy egyszerűen bizonytalanok vagyunk önmagunkban, és nemhisszük, hogy önmagukért is szerethetőek vagyunk. Így aztán marad az álmok és vágyak világa. Ne hagyd, hogy így legyen! Fogadd el vágyaid, álmaid, s érzéseid! Fogadd el önmagadat, olyannak, amilyen vagy!

Szeretettel, az Őrangyal

83.

A betegség csupán egy jel, hogy rossz irányba haladunk. Csupán egy jelzés, mely megállásra, elgondolkodtatásra int bennünket. Életünk megannyi apró mozzanata közül, néhányat új útra kell terelnünk, esetleg csupán kicsit megpihennünk. Hallgassunk hát erre az érzésre, figyeljünk oda bensőnkre és változtassunk időben!

Szeretettel, az Őrangyal

84.

Milyen jó lenne valami ragyogót alkotni, mely értéket adhat a világnak!
Milyen jó lenne, átölelni az egész világot!
Milyen jó lenne önfeledten boldognak látni mindenkit!
Amit én tudok csupa apró lépés a világban. Mégis hiszem, hogy egy kis ölelés, egy kis szeretet és odafigyelés is tehet nagy dolgokat másokkal és önmagunkkal!
Ebben tudunk Neked segítséget nyújtani, csak hívj, s itt vagyunk!

Szeretettel, az Őrangyal

85.

Szeretnél rátalálni a belső erődre és harmóniára? Ehhez a legfontosabb elfogadni és szeretni önmagadat! Az önszeretet, pedig azt jelenti, hogy szereted azt az embert, aki vagy. Hogyan tudod önmagadat szeretni? Megadod magadnak, amire szükséged van. Legyen szó testi vagy lelki szükségletről. Felállítod határaidat, és megtanulsz nemet mondani, olyan dolgokra, melyeket nem szeretnél megtenni. Amire szükséged van, azt érzed belülről, s ha nem teszed meg, egyre sürgetőbben, erősebben jelez a szervezet. Ez lehet az egészséges étkezés, jó kis baráti beszélgetés, kiadós séta, vagy akár egy kiadós alvás. Tedd meg, ne habozz, ne legyints rá, ne keress kifogást. Mert csakis akkor lehet igazi a változás. A kényelemről le tudod nevelni magad, ha tényleg változtatni akarsz. Meg kell tanulni emellett nemet mondani és határaidat szigorúan felállítani. Kerüld a panaszkodást és a lehúzó médiát! A megfelelő étkezés és elég mozgás segíthet. Vezess be esti rituálékat, melyek a szervezetet felkészítik a pihenésre. A jól kiszellőztetett hűvösebb szoba, a tiszta ágynemű, mind a megfelelő alvást készítik elő. Esténként kerüld a tv nézést, a hangos zenét, s az elektromos terhelést. Inkább olvass elalvás előtt, az kevésbé terheli az idegrendszert! Mondj hálát lefekvés után, melynek során számba veheted a napi örömteli dolgokat, melyek történtek veled! Térjünk vissza az eredeti kérdésre a belső energia megtalálására és kiaknázására. Segít benne a boldogság is. Ha önfeledten tudsz nevetni, játszani, merni önfeledten boldognak lenni, mint egy kisgyermek. Az igazi belső erő belülről fakad, ha rálelsz kiapadhatatlan forrásra akadsz, mely alapjaiban változtatja meg világodat. Számíthatsz segítségünkre!

Szeretettel, Michael arkangyal

86.

Eszedbe jut egy jó ötlet, amit remek lenne megvalósítani. Elképzeled a lehetőségeket, hogyan is lehetne nyélbe ütni. Ám aztán jön a következő gondolat, mely szinte megfojtja az elsőt, az ötletet. Nem vagy elég jó benne, hogyan is akarhatsz te ilyet, amikor ő, meg ő sokkal jobb nálad, ráadásul tudásod sem magabiztos! Maradj csak csendben, maradj magadnak, mert te nem vagy elég jó még hozzá! Tanulj fejlődj még, ahhoz, hogy belekezdj! Itt általában meg is ragad a történet. Felszínre törtek a kételyek, a bátorság és a kezdeményezés padlót fog, csendben elülnek. Pedig többen bíztatnak téged, csináld, megy ez neked, ügyes vagy! Ám te mégis valami teljesen mást érzel. Valószínű torz a tükör, melyet magad elé tartasz, vagy talán a kudarcok, melyek elvették azt a kevés önbizalmat, ami benned volt. Talán ez is egy elakadás, mit változtatni érdemes, ahhoz, hogy tovább fejlődhess, és haladj utadon. Ehhez tudnak segítséget nyújtani az Angyalok, csupán hívd őket, s támogatni fognak téged utadon!

Szeretettel, az Angyalok

87.

Minden napnak megvan a maga öröme. Persze van olyan dolog, ami esetleg elszomorított aznap, vagy amiért lehorgasztod a fejed és egy nagyot sóhajtasz. Mindenkivel így van valószínűleg. Mindannyiunkkal történnek jó és rossz dolgok egyaránt minden nap. A lehetőségünk abban áll, hogy dönthetünk. Választhatjuk azt, hogy olyan dolgok miatt szomorkodunk, amelyek aznap elvették kedvünket, amik nem sikerültek, megbántottak vagy esetleg dönthetünk úgy is, hogy figyelmünket azokra a dolgokra fordítjuk, melyek örömet okoztak számunkra. Azokra a pillanatokra fókuszálunk, melyek apró boldogságcseppként bearanyozták napunkat. Lehet, hogy ezek csupán egyszerű, hétköznapi dolgok a gyermeked kedvesen átölel, hozzád bújik a kedvenc, rád mosolyog az eladó, csodás fényjáték a természetben, vagy esetleg fincsi ebédet készítettél. Ám, amint ezeket a dolgokat tudatosítod, és nem veszed természetesnek, hanem örömmel nyugtázod őket, máris másképpen alakul a napod! És igen, ebbe beletartozik egy jól elkészített ebéd, egy bevásárlás is, vagy ha otthon kicsit rendet raktál. Ne vedd természetesnek! Add meg az örömét ennek is, hiszen öröm látni az eredményt, és igen te ezt megtetted, megdicsérheted érte magad! Ez is örömet adhat számodra. Kívánom hát neked is, ne csak a bánatot, sikertelenséget lásd meg egy napban, hanem vedd számba mindazt mi örömet adhat! Meglásd, máris másképp végződik az a nap, és alapvetően változtathatja meg az életedet! Ehhez nyújthatunk segítséget Neked, csak hívj bennünket!

Szeretettel, az Angyalok

88.

Van, amikor nehezen szánod rá magad valamire, igazán nehezen. Keresed a kifogásokat, miért is nem teszed meg, miért maradsz otthon. Sok a munka, nagyon meleg van, fáradt vagy, kedved sincs igazán és így lehet folytatni a sort. Ám végül mégis megteszed. Nem maradsz otthon, hanem elindulsz, nagy nehezen. Elmész sportolni, mozogni esetleg egy jó nagyot sétálni. Bár az indulás lassú, kedvtelen, mégis mire végzel, hazaérsz, úgy érzed megérte. Ezt kár lett volna kihagyni! Hisz felfrissültél, sokkal vidámabbnak, energikusabbnak érzed magad. Nagyobb lendülettel látsz neki a rád váró feladatoknak. Ne hagyd, hogy legyőzzön a megszokás, a kényelem, hanem kilépve a komfortzónádból, menj és éld az életed! Evezz, fuss, csavarogj a természetben, kirándulj, vagy amit szeretnél, mert ettől tartalmasabbá és vidámabbá válik életed és napjaid!

Szeretettel, Rafael arkangyal

89.

Ha úgy érzed, hogy az egész világ összeesküdött ellened csak mutass neki fityiszt és keress egy örömteli érzést, vagy gondolatot, mely visszahozza a lelki békéd, pozitív hangulatod! Nevess a világra, és az visszamosolyog rád!

Szeretettel, az Őrangyal

90.

Minden emberben benne van a szeretet magja. Ez az, amit fel kell éleszteni önmagunkban. A szeretetet minden létező iránt, és elsősorban önmagunk iránt. Ez az elfogadással kezdődik. Elfogadni önmagunkat, olyannak amilyen vagyunk, minden tulajdonságunkkal együtt! Ha az elfogadás megvan, akkor könnyebb szeretni önmagad! Amikor magadat szeretni tudod képes vagy a világot is! Kezdjük tehát el önmagunk legteljesebb elfogadásával és szeretetével. Ehhez kívánok jó munkát türelmet és szeretetet!

Szeretettel, az Őrangyal

91.

Az életünk tele van csodákkal. A lábunk előtt hevernek arra várva, hogy felfedezd őket! Ne ragadj le a megszokásokban, helyzetekben, hanem menj és fedezd fel a világot! Ha megismered önmagadat, könnyebben megtalálod a helyedet az univerzumban, s könnyebben észreveszed a rád váró csodás élményeket!

Szeretettel, az Őrangyal

92.

Szellemi vezetőd vagyok, ki segít neked megvalósíta-
ni földi céljaid, melyeket már korábban kitűztél magad-
nak. Eljött az idő az új megmutatkozásának, és életed
magasabb rezgésű szinten való folytatásának. Átalaku-
lás zajlik benned, mely megváltoztatja külső világod is.
Készülj rá, hogy életed most váratlan fordulatot vesz!
Lehetőséged van szintlépésre, valamint egy új élet ki-
bontakoztatására. Melletted vagyok, ne aggódj! Szere-
tetemmel körbeveszlek, utat mutatok neked, hívj, ha se-
gítségre van szükséged!

Szeretettel, az Őrangyal

93.

Ne feledd a tudat hatalma óriási az elme felet! Ne hagyd, hogy az érzelmeid uraljanak téged! Engedd át a gyeplőt a lelkednek, amely segít a helyes úton tartani életedet!

Szeretettel, az Őrangyal

94.

Amikor elindultál ezen az úton magad sem hitted volna, hogy ily messzire jutsz. Pedig igazán még csak félúton vagy. Haladj hát tovább nyugodtan a fejlődés útján és tudd képes vagy minden akadályon átkelni! Képes vagy minden álmod megvalósítani, minden terved életre hívni. Én melletted állok, ha szükséged van rám. Csak hívj bátran, és segítségedre leszek!

Szeretettel, az Őrangyal

95.

Ne hagyd, hogy a benned lévő korlátok elzárjanak álmaidtól és azok megvalósulásától!

Szeretettel, az Őrangyal

96.

Jó kiszállni a hétköznapok rutinjából, a mindennapok monoton világából. Talán észre sem vesszük mennyire. Egészen addig, amíg jön egy lehetőség, melyet megragadva útra nem kelünk. Kilépve a komfortzónákból, teljesen új világba csöppenhetünk. Elindulva a hétköznapok megszokásából, kikapcsolódunk, még ha csupán egy napra is, kicsit megpihenhetünk. Szépen kioldódnak belőlünk a felgyülemlett feszültségek, és átalakulnak érzéseink. Ha ezalatt a megszokottól, valami teljesen mást csinálunk, az a folyamatot elősegítheti. Messzebbről szemlélve, megélve, nem is értjük vajon miért féltünk az elindulástól, vajon mi tartott távol eddig bennünket. Végül mégis megtettük, volt bennünk bátorság, akarat és kitartás. Hazatérve más emberré válhatunk. Szép lassan felvesszük az itthon elejtett fonalat, de valami visszavonhatatlanul megváltozott bennünk és abból a másik világból, ahová kiléptünk egy cseppet magunkkal hoztunk a hétköznapokra. Ez az átalakulás nem csupán ránk hat pozitívan, hanem a körülöttünk élőket is megérinti! Ne habozzunk hát kilépni az ismeretlenbe, megismerni egy másik világot, új lehetőségeket megragadva, kiteljesíteni saját életünket!

Szeretettel, az Őrangyal

97.

Az igazi nagy dolgok, az apróságokban rejlenek! Tanítsuk meg a szemünket észrevenni azokat, szívünket, pedig befogadni az apró, ám mégis óriási jelentőségű pozitív dolgokat!

Szeretettel, az Őrangyal

98.

Szeresd tenmagad, épp, mint másokat!
Ne akarj folyton megfelelni, ha mégis, csakis önmagad-
nak! Hisz te is éppoly fontos vagy, sőt fontosabb magad-
nak, mint bárki más!

Szeretettel, Chamuel arkangyal

99.

A mellérendelés folyamatában az égiek kinyilvánítják, abbéli óhajukat, mely szerint a legjobb döntés a mindig szívből fakad, ezért, hát az a kérésük, hogy mindig a szívedre, s a lelkedre hallgass! Ne az elméd hangos zajára, hanem a halk kellemes megsúgott gondolatra! Ez az, ami az igazi változást elősegíti az életedben. Új értékek, érzések, gondolatok fogannak meg, alakulnak ki, s válnak mérvadóvá életedben. A változást elősegítheted meditációval. Az elcsendesedés segít meglátni az utat, melyet a hétköznapi zajok a szíved elől eltakarnak. Segít még például a természetben tett séta, a sport, hol a feszültség, s gondok máza leolvad, csupán a való marad. Magasabb energiaszint segíti az érzékelést, így jobban meghallod lelked kéréseit! Az átalakulás folyamat, mely nem megy egyik napról a másikra. Kövesd hittel, kitartással lelked hívását, az megmutatja az utat! Ehhez kívánok sok sikert, ha segítségre van szükséged, csak hívj!

Szeretettel, Metatron arkangyal

100.

A megbocsátás és könyörület kéz a kézben járnak! Szeretettel átitatva mindenki szívéhez utat találnak!

Szeretettel, Zadkiel arkangyal

101.

Minden nap, amikor sikerül egy-egy félelmedet legyőzni, egy-egy korábbi gátat átszakítani, magabiztosságodat, valamint önmagadba vetett hited tudod erősíteni és alakítani!

Szeretettel, Michael arkangyal

102.

Tudjátok gyakran mi a legnehezebb? Az állandó bizony-talanság, kételkedés a döntések helyességében. Szeret-néd a dolgokat a lehető legjobban csinálni, de minél in-kább törekszel rá, gyakran annál jobban elrontod őket. Emiatt folyamatos lelkiismeretfurdalás gyötör. Főleg, ha a döntések másokat is érintenek. Akarva-akaratla-nul is megbánthatod azokat az embereket, olyat, aki fontos neked. Mire hallgass a józan észre, esetleg a szív szavára? Vajon melyik az, ami a helyes irányba mutat? Hol végződik az én, és hol kezdődik a másik? Megannyi gondolat, mely mindeközben megfogan. Érzések, melye-ket magadba zársz, vagy kimondva megbánthatsz mást. Kérdések és érzések özöne, melyen ilyenkor felbukkan-nak. Talán ez az igazi feladat. Megtalálni a helyes utat. Van, amikor a legjobb szándék ellenére sem úgy alakul a helyzet, ahogy szeretted volna. Sőt olykor balul sül el a dolog. Néha utólag rájössz, hol rontottad el, de már késő. Mégis legrosszabb mit e helyzetben megtehetsz, ha nem döntesz, s hagyod, hogy más tegye meg helyet-ted! Folyamatos gondolkodás helyett ideje lépni, vállal-va a tévutat, mely szintén a fejlődést segíti!

Szeretettel, Michael arkangyal

103.

A védelmem alatt állsz, segítek neked! Számíthatsz rám, ezt soha ne feledd! Jusson eszedbe mindig, ha szükséged van támogatásra! Csak hívj, s én szeretettel segítek!

Szeretettel, az Őrangyal

104.

Van, amikor úgy érzed, mindenből elég! Egyszerűen be-
sokallsz. Pedig nem történt olyan nagy dolog, amire azt
mondhatnád, ez az ok. Hanem sok kis apróság az elmúlt
időszakban, szépen egymásra rakosgatva. Aztán előbb
vagy utóbb eljutsz oda, hogy elérted energiád, erőd, és
tűrőképességed határát. Azt mondod, ennyi, ne tovább!
Elég volt a sok feladatból! Nem bírod tovább. Egyszerűen
elfáradsz, belefáradsz a dolgokba. Az állandó aggódásba,
a folyamatos rohanásba, a végeláthatatlan vitákba, s min-
denbe, melyről úgy érzed, egyszerűen maga alá temet.
Oké, de csak úgy elmenni, itt hagyni csapot-papot nem
feltétlenül lehet. Vagy mégis? Ezt a döntést terád bízom!
Ám, ha úgy érzed eleged van, egy kis szünetre, kikapcso-
lódásra van szükséged, sok mindent megtehetsz. Gondolj
például azokra a tevékenységekre, melyek örömet okoz-
nak neked! Ilyen lehet például az olvasás, zenélés, vagy
akár zenehallgatás. Mindenkinek más ad pozitív ener-
giát, segítve túljutni a krízishelyzeten. Találd meg, mi
az, ami feltölt és segít elengedni a feszültséget! Ha eh-
hez szükséged van segítségre, hívj nyugodtan, segítek!

Szeretettel, az Őrangyal

105.

Bárhol jársz, bármit csinálsz, vésd eszedbe, legfontosabb, hogy igazán szívből éld az életed!
Ne habozz, ne félj, hanem igazán élj, érezz, szeress és remélj!
Hiszen az élet csodás, tele kihívásokkal, bánattal és örömmel, valamint sok vidámsággal!
Rajtad áll, hogyan éled meg a hétköznapokat! Élj hát szívvel, lélekkel!

Szeretettel, az Őrangyal

106.

A valóság csupán káprázat, bármily igaznak hiszed! Körbevesz, átölel, mindent eláraszt. Számolatlanul rovod ugyanazokat a köröket, mintha mókuskerékben lennél. Ehelyett állj meg egy pillanatra! Figyelj befelé a lelkedre, hol belső békédre rálelhetsz. Onnan bentről figyelve minden oly csodásnak tűnik. Eltűnnek a mindennapi gondok, az aprócseprő viták. A szeretet állapotában megpihenhetsz. Ám az élet megy tovább. Történik valami apróság, a fizikai világ máris ismét magába szippant, elsodor. Minden folytatódik tovább. A napi hajsza, a rohanás. Viszont a békesség, és szeretet állapota nem múlik el nyomtalan. Maga után hagy egy érzést, melyhez bármikor bárhol visszatérhetsz. Minél többször sikerül rátalálnod erre a békés szeretetteli létállapotra, annál könnyebben veszed az élet nehézségeit. Ha feszültnek érzed magad, esetleg dühös vagy a világra, állj meg egy pillanatra! Lazulj el, figyelj befelé! Hagyd, hogy megszűnjön a külvilág! Légy te a béke, a harmónia és a nyugalom! Árassz szeretet a világba!

Szeretettel, az Őrangyal

107.

Szeretlek, csak mert létezel, s része vagy az életemnek!
Szeretlek, még akkor is, ha nem látlak nap mint nap, s
ha esténként nem tárod ki felém ölelő karodat!
Szeretlek, hisz az életem szebbé vált mióta megismer-
hettelek!
Szeretlek, akkor is, ha távol vagy, s éled az életedet, mert
tudom választott életeddel boldog vagy!
Szeretetem nem birtokló, hanem önzetlen, s hagylak
szabadon, hogy az légy, aki lenni akarsz. Nem akarlak
megváltoztatni, hanem elfogadom csodás egyedisége-
det, olyannak szeretlek amilyen vagy!
Szeretlek, a szeret belőlem fakad, szeretettel áldom,
azt, aki te vagy. Köszönöm Neked létedet, melytől szeb-
bé válik életem!

Szeretettel, Asmodel angyal

108.

Mókuskám! Ne aggódj csodás dolgok várnak rád! Lehet, hogy ezt az időszakot most nehéznek, olykor fájdalmasnak éled meg, mégis tudd, hogy mindez egy új örömtelibb életszakaszra készít fel téged! Az újhoz azonban el kell engedni a régit. Azt, ami csupán korlátoz, már nem szolgálja a fejlődésed! Ebben segítenek a nehézségek. Felhívják figyelmedet azokra a területekre, ahol még feladatod van. Fel a fejjel és kitartás, tudd hamarosan túlleszel ezen. Utána megpihenhetsz egy kicsit. Ám aztán jönnek az újabb kihívások és feladatok! Tudd, hogy én mindig melletted vagyok!

Szeretettel, az Őrangyal

109.

A fájdalom mindig jelzés arról, hogy valahol elakadás van bennünk. Ne meneküljünk előle, hanem kérdezzük meg magunktól mi az oka ennek, s engedjük meghallani a választ!

Szeretettel, Rafael arkangyal

110.

Fizikai létezésünk csupán illúziója a valóságnak. Nem csupán fizikai test vagyunk, hanem annál sokkal több. A helyszín a létezésem ilyen formája csupán a megtapasztalások okán jött létre. Egy játszótér, olyan világ, melyet mi teremtünk önmagunk körül, gondolatainkkal, szavainkkal, s tetteinkkel. Csodálatos lehetőség a fejlődésre. Ám az igazi utazás nem kívül (odakinn) vár ránk, hanem befelé, túl a fizikai valóságon, önmagunkban. A bennünk lévő korlátokat folyamatosan felszámolva lépésről lépésre juthatunk el önvalónkhoz. Nem kint kell keresni a boldogságot, a pénzt, gazdagságot hajszolva megállás nélkül, hanem önmagunkban! Ismerjük meg, s térképezzük fel igazi valónkat! Így rálelhetünk arra, mit eddig odakinn a világban kerestünk nagy buzgalommal! Kalandra fel, vár az önfelfedezés izgalmas világa!

Szeretettel, az Őrangyal

111.

A változás sohasem egyszerű, hiszen nehéz kilépni a komfortzónánkból, s feladni mindazt, mi eddig a biztonságos keretet nyújtotta számunkra. Még akkor is, ha érezzük, szükség lenne rá. Korlátoz bennünket. Foggal, körömmel ragaszkodunk jelen helyzetünkhöz, mert ez biztonságos és ismerjük. Tudjuk mik a játékszabályok. Ám ha bátorságot szerzünk, és feladjuk régi kényelmünket (kényelmesnek hitt életünket), megtesszük az első lépést a legnagyobbat az ismeretlenbe, minden megváltozhat. Először félelmetesnek tűnik számunkra ez az új világ, olykor inkább visszatérnénk a régi megszokotthoz. Mint a csiga, aki, ha megijed, rögtön visszabújik biztonságos házába. Ám ha kitartunk, nem fordulunk vissza, s nem adjuk fel az első ijedtség után, rájövünk nem is olyan borzasztó ez az új világ. Örömmel kezdjük el felfedezni életterünket, egyre nagyobb elszántsággal, biztonságérzettel haladunk tovább újonnan megkezdett utunkon. Az első lépést megtenni a legnehezebb, ehhez szükséges a legnagyobb bátorság! Utána, ha van hitünk és kitartásunk menni fog minden, mint a karikacsapás. Kívánom ti is, merjetek változtatni, ha szükségét érzitek! Ehhez találjatok rá arra az erőre önmagatokban, mi segíthet az úton! A változás, melyet ezáltal elértek számtalan csodát hozhat a ti életetekbe is! Kalandra fel vár a világ!

Szeretettel, az Őrangyal

112.

Szépség, mely része életünknek bárhol fellelhető, mindenütt megtalálható, ha igazán figyelmes vagy. Megbújik a falevél alatt, előbukkan az utcán, vagy akár egy kis pocsolyában. Bárhol lelünk is rá, mindig örömet ad, feltölt bennünket, mosolyra fakaszt. Kinyílik szívünk, s rálel a szépre, a jóra, a szeretetre. Reagál a vidám szóra, a dalokra, s felel rá a saját dalával. Rátalál önmagában is a fellelhető elrejtett kincsekre. Járj figyelmesen utadon, s örülj a hétköznapokban felbukkanó apró csodáknak!

Szeretettel, az Őrangyal

113.

A gyógyulás is bennünk van: keressük meg önmagunkban, s tudatosan odafigyelve, a kiváltó okot megszüntetve gyógyítsuk meg önmagunkat!

Szeretettel, az Őrangyal

114.

A képesség adomány. Nem vész el, csak átalakul, valami mássá. Ne aggódj, ha úgy érzed hirtelen elvesztetted, eddig meglévő készségedet. Nem igaz! Továbbra is ott van elrejtve. Lehet, hogy csupán a sok hétköznapi gond, mi eltakarta, ám valami más is előfordulhat. Lehet, hogy amikor eljön az ideje, teljesen más módon mutatkozik meg. Ne keseregj! Legyél bizakodó, örömmel töltsd el szívedet, hiszen minden benned van, mire ebben az életedben szükséged lehet!

Szeretettel, az Őrangyal

115.

Mindig van kiút! Mindig van megoldás! Találd meg, a kesergés helyett! Lehet, hogy nagyon egyszerű, mégse veszed észre. Elsikkadsz felette, vagy egyszerűen elveted. Sokszor más nézőpont szükséges a helyzethez, és a megoldás máris felfedi magát. Ebben akár külső szemlélő is segíthet. Ne add fel, hidd el minden ott van előtted, s engedd meg magadnak, hogy észrevedd!

Szeretettel, az Őrangyal

116.

Az egészség csakis rajtad múlik. Hozzáállásodon, gondolataidon, döntéseiden és tetteiden. A negatív gondolatok megbetegítenek, s a rossz döntések okozta bűntudat hosszú távon szintén egészségügyi gondokhoz vezethet. Feladatunk ezeket elengedni, emellett pozitív gondolatokkal töltekezni. Engedd el a bűntudatot, az nem szolgál téged! Fogadd el, hogy az adott helyzetben legjobb tudásod szerint döntöttél, cselekedtél, s engedd el a kételyeket! Ne vedd túl komolyan az életet! Ne feszülj, görcsölj rá dolgokra, mert ez szintén nem segít megőrizni az egészséged! Nézd a dolgok jó oldalát! Minden rosszban van valami jó, hidd el, csak tanuld meg észrevenni azt! Tanítsd meg szemed és a tudatod, hogy minden körülmények között erre ráleljen! Ne izgasd magad apró-cseprő dolgok miatt! Engedd el őket, s örömteli dolgok foglalják el a helyüket! Ekkor válhat egészségesebbé, örömtelibbé az életed. Ne agyalj meg nem történt eseményeken se a múlton! Élj a jelenben, a most pillanata legyen az egyetlen, ami számít! Így tudsz gátat vetni a félelmeidnek, a folytonos aggódásnak, agonizálásnak. Ébredj fel végre! Vedd észre az élet csodás pillanatait mindennap! Adj hálát minden jóért, mi aznapra megadatott! Nézd más nézőpontból a világot! Ezzel máris egészségesebb leszel, energikusabb, és mindenekelőtt sokkal boldogabb!

Szeretettel, Rafael arkangyal

117.

Életünkben fontos szerepe van az egészséges táplálkozásnak, valamint a rendszeres mozgásnak. Ez utóbbi nem csupán energiát ad, de segít karbantartani is testünket, lelkünket. Emellett a sport levezeti a bennünk felgyülemlett rengeteg feszültséget! A mozgás lehet úszás, túrázás vagy akár kirándulás, bármi, amit szeretünk csinálni. Egy egyszerű séta is hatásos lehet gondolataink kiszellőztetésére, vérkeringésünk javítására, és mentális-fizikai egészségünk javítására. A lényeg a rendszeresség!

Szeretettel, Rafael arkangyal

118.

Útközben, bármerre jársz, menj figyelmesen! Vedd észre a körülötted felbukkanó apró csodákat! Az ősszel színesbe öltözött fákat, az avarban megbúvó kicsiny virágokat. A cinkéket, kik felbukkannak az etetőnél éhesen, s békésen eszegetnek együtt a hidegben. A vízcseppet a virágszirmon megbújva, a különös formájú faleveleket. Lásd a csodás naplementét, s az égbolton felbukkanó csillagokat, melyek a varázslatos éjszaka világába kalauzolnak el bennünket! Megannyi szépség rejlik mindenütt, csak irányítsd rá a figyelmed, és meglátod őket! Szívedet pedig megérinti a csodák, melyek körülöttünk vannak!

Szeretettel, Rafael arkangyal

119.

Elindult egy új nap, mely a lehetőségek tárházát hordozza magában. Mosolyogva indulj hát te is utadra! Örülj az életnek, s vedd észre az eléd táruló szépségeket, valamint esélyeket!

Szeretettel, Gabriel arkangyal

120.

A mai napra a gyógyulás misztériumát hoztam nektek. Figyeljetek, hisz oly sokan vágytok a csodára, amint beüt a baj, s a fájdalom betegsége jelentkezik szervezetetekben. Mégis a megoldás mindig bennetek van! Ahogyan ti betegítettétek meg önmagatokat gondolataitokkal, félelmeitekkel, éppúgy a gyógyulást is ti vagytok képesek elérni. Igen ám, de hogyan? Amikor a tünet jelentkezik, testünk már erőteljesen figyelmeztet valamire, ami rossz irányba halad életünkben. Lelkünkben zajlanak ezek az események, melyek egy idő után fizikai testünkben is megjelennek. Fájdalom, betegség formájában mutatkoznak meg. Amint a tünet megjelenik, általában csupán bekapunk pár tablettát, ami elnyomja azokat, vagy orvoshoz megyünk, aki felállítja a diagnózist, előírja a kezelést, te pedig várod a gyógyulást. Igen ám, de ettől a probléma a háttérben továbbra is ott van, nem oldódik meg magától, s ha nem változtatsz a hozzáállásodon, akkor újult erővel, erősebb formában tér vissza. Egy isteni lény vagy, aki képes az öngyógyulásra, öngyógyításra.

Hallgass megérzéseidre, azok segítenek neked! Ha önmagad nem leled a megoldást, olvass utána, keress olyan szakembert, aki segíthet, feltárni a hátteret! Emellett a felépülésedet alternatív gyógymódok is támogathatják. Hidd el, képes vagy rá, ám ez kemény munka önmagad felé! Néha gyors, de általában hosszabb folyamat, ám mindenképpen önmagadon kell dolgoznod: viselkedéseiden, beidegződéseiden, szokásaidon, nézőpontodon, vagy hozzáállásodon érdemes változtatnod. Elengedni a berögződéseket, régi viselkedésmintákat, a félelmeket, melyek már nem szolgálják fejlődésed. Az eredmény hoszszútávú és önmagáért beszél. Hatásosabb, mint bármely gyógyszerkúra, mely csupán a tüneteket nyomja el, ám ami miatt mindez kialakult, a háttérben változatlan marad. Nem azt mondom, hogy csípőből vesd el az orvost, hanem ha szükségét érzed, megnyugtat, menj el, nézesd meg magad, beszéljetek a diagnózisról, a gyógymódokról, használd is azt. Ám a valódi gyógyulást te magad tudod meghozni változtatással, a megfelelési kényszerek elengedésével, megújulással. Ami a legfontosabb: a megoldás kulcsa mindig benned van! Ha segítségre, támogatásra van szükséged gyógyulásodhoz, hívj bátran, mi, angyalok örömmel segítünk!

Szeretettel, Rafael arkangyal

121.

Minden, ami benned van, megtalálható a külvilágodban, hiszen te teremtetted őket. Azzal, ha tudatossá válunk saját gondolatainkra, érzéseinkre, változást érhetünk el életünkben. Ehhez azonban kevés csupán egyetlen gondolat a változásról, s utána élünk tovább csupán megszokásból. Az elhatározást komoly munka kell, hogy kövesse, így tényleges változás mehetne végbe. Folyamatos éberségre van szükség. Figyeljük gondolatainkat, érzéseinket, tetteinket! Szükség esetén a kívánt irányba tudjuk fordítani őket. Csakis így jöhet létre a tartós átalakulás, mi egész életünket és hétköznapjainkat is egyaránt áthatja. Előfordul, hogy megfeledkezünk róla, s automatikusan a megszokott minta szerint cselekszünk, de akkor se haragudjunk magunkra. Fogadjuk el a helyzetet, s ne bántsuk önmagunkat, hiszen a változáshoz türelem, elfogadás, valamint kitartás szükséges. Ehhez kívánok nektek erőt, energiát, és ha szükség van segítségre, csak hívjatok nyugodtan.

Szeretettel, Rafael arkangyal

122.

A mai nap témája az újjászületés. Amikor úgy érzed, megrekedtél életedben, megújulásra van szükség. Ez a megújulás segít más szintre lépni, s mindent, ami már nem szolgál téged, lezárni és elengedni. Az elengedés fontos momentum, hisz' nem viheted magaddal a régi, avítt dolgokat, gondolatokat, szokásokat. Ahhoz, hogy valami új elinduljon, le kell pakolni mindent, ami már csak korlátoz. Ez lehet akár viselkedésminta, gondolatforma, szokás, avagy érzelmek. Amint tudatosítod létét, máris nyakon csípheted őt. Elfogadod létezését, majd szeretettel elengeded, megköszönöd, hogy veled volt, de már nincsen rá szükséged. Amint sikerült lezárni a múltat, a felszínre törő dolgokat megtisztítani s elengedni, jöhet az új, mit be akarunk életünkbe építeni. Ezeket aztán tudatosan figyelve, rendszeresen, kitartóan gyakorolunk. Ne mérgelődjünk, ha nem megy rögtön valami, hanem fogadjuk el a dolgokat, majd gyakoroljunk tovább kitartóan. Ez meghozza a változást, mit szeretnénk életünkben.

Szeretettel, Metatron arkangyal

123.

Ne csüggedjünk, ha azt érezzük, a világ összeomlott körülöttünk! Ne szomorkodjunk, ha úgy érezzük, semmi sem sikerül! Pihenjünk meg egy picit! Nézzük körül tudatosan, mit is tehetünk! Fogadjuk el, hogy az új születéséhez, térre van szükség. Jusson eszünkbe az is, hogy járni sem egy nap alatt tanultunk meg, hanem kitartó gyakorlással és erős hittel. Ha segítségre van szükséged, csak hívj, s én mindig melletted vagyok!

Szeretettel, Rafael arkangyal

124.

Chamuel vagyok, egy angyal az angyalok között. Egy szellemi vezető. Azért jöttem, hogy utat mutassak annak, kit a bizonytalanság ebben az időben nyomorba dönt, félelmet szül, s mindennapjait is ez vezérli. Az élet sokkal több annál, mint amit látunk belőle. A fizikai testünk csupán egy kifejeződési forma a sok közül. Ennél sokkal többek vagytok. Ti, kik emberként a Földön éltek, és megélitek a pillanatot. A halállal nincs vége az életünknek. Bármily félelemmel is tölt el az ismeretlen, amikor valaki már odakerül, eltűnik a félelem. Egy csodás világba, létsíkba lépünk át, mely mindenkit vár, és ott élünk szellemlényként tovább. A halál nem vég, hanem kezdet. Visszatérünk oda, ahonnan indultunk: az otthonunkba, mit a keresztény vallás Paradicsomnak nevez. Itt számot adva tetteinkről, cselekedeteinkről egy új életforma kezdődik, mely tart egészen a következő leszületésig. Mi magunk vállaljuk azt, egyrészt, hogy tanuljunk s tapasztaljunk, másfelől, hogy a felgyülemlett életfeladatok közül párat megoldjunk. Elkészítjük élettervünket, kiválasztjuk a családtagokat s a szereplőket, majd elindul újra leszületéssel életünk, ahol azonban, mire már tudatunkra ébredünk, mindent elfelejtünk. Csupán a hívást érezzük: utunk hív egy darabig, vezet életcélunk felé. Ám ha valamiért nem vállaljuk fel, mit leszületés előtt elterveztünk, egy következő életünkben ismét feladattá válik számunkra, más környezetben. A hívás, ahogy halad előre életünk, egy idő után lassan elhalkul, majd elhallgat, s az életenergia elfolyik, az életkedv is szép lassan oda. Lassan véget ér egy újabb állomása földi létünknek. Ám ne csüggedjünk, kapunk újabb lehetőséget! Viszont, ha hallgatunk hívó szavára, s követjük a sugallatot, a halk hangot odabenn, mely a lelkünkből szól s utat mutat, rá-lelünk a célra s a feladatokra, amiért ez alkalommal le-születtünk. Ha ezt felvállaljuk, bár valószínűleg küzdel-mes, mégis boldog, örömteli lesz életünk. Azt érezzük, helyünkön vagyunk, gördülékenyebben megy minden, s az égiek is segítenek. Ez megnyilvánulhat apró véletle-nek formájában, melyek utat mutatnak, segítenek ben-nünket. Beteljesítjük a célt, amiért leszülettünk, boldo-gabb és örömtelibb lesz életünk. Amikor égi hazánkba visszatérünk, érezzük: sikeres küldetést teljesítettünk. Íme, a körforgás, mit minden leszületett lélek végigjár. Gondolkodj el a sorokon, s érezd valódi tartalmát. Merd megélni azt, aki vagy, akinek igazán születtél, beteljesí-teni a sorsot, mit leszületésed előtt felvállaltál. Legyen erőd kilépni a sorból, önmagaddá válni, önvalódat elfo-gadva saját, igazi életedet élni! Az égiek mindehhez utat mutatnak neked. Vedd észre őket, figyelj rájuk, kövesd tanácsaikat, s meglásd, sokkal örömtelibbé válik a vilá-god! Ehhez kívánok kitartást és sikert!

Szeretettel, Chamuel arkangyal

125.

A kétség. Ez fontos téma, hisz legtöbbünket gyakran gyötör kétség önmagunkkal és a külvilággal kapcsolatban. Jó vagyok-e így, elfogadnak-e, jól csinálom, szerethető vagyok-e? Mindeme gondolatok önbizalomhiányból erednek, és az önértékelés zavarából. A pozitív énkép kialakítása sokat segíthet. Hogyan tegyük ezt? Megerősítésekkel, dicsérettel önmagunk felé. Sokat javíthat a helyzeten, ha változtatunk nézőpontunkon. Nem azt nézzük, hogy mit csináltunk rosszul, hanem mit jól. Fókuszváltás, ami fontos. Önmagunkkal szembeni értő figyelem, türelem és kitartás, ami segít abban, hogy elérjük a kitűzött célt. Az elfogadás és önszeretet is sokat segíthet. Legyünk hát türelmesek magunkhoz! Helyezzük át a fókuszpontot! Pozitív megerősítéseket, önelfogadást, s önmagunk felé is megbocsátást gyakorolva. Ha kitartóan gyakorlunk, egyre magabiztosabbá válva, kétségeink is tovaszállnak. Munkátokhoz sok sikert és kitartást kívánok!

Szeretettel, Michael arkangyal

126.

Az aggodalom helyett, bizalom töltse el szívedet! Higgy benne, hogy minden a legjobban alakul, s minden rendben lesz! Ez segít felülemelkedni, félelemeiden és korlátokon. Így támogatva fejlődésedet.

Szeretettel, Michael arkangyal

127.

A bátorság nem egyéb, mint a félelmen való felülemelkedés. Ne hagyd, hogy a félelem megbénítson! Emelkedj felül rajta, és tedd meg azt amire vágytál. Ha szükséged van segítségre, hívj s én itt vagyok, támogatlak téged!

Szeretettel, Gabriel arkangyal

128.

Vár az örökkévalóság. No, de ne siess! Most itt van dolgod ezen a földön, ebben a testben. Maradj még, add ki a legtöbbet magadból, amiért ide születtél! Nincsen vég, s nincs elmúlás sem. Csupán a szeretet és a tapasztalás létezik. Ne várd hát a véget, hanem éld meg bátran a maga teljességében életed!

Szeretettel, Gabriel arkangyal

129.

Az az életfeladatunk, mely szívből fakadó örömet ad, amit lelkesen végzünk minden nap. Amit akkor is csinálnánk, ha egy fillért sem fizetnének érte. Amely mindig feltölt, motivál, kreatív megoldással kecsegtet. Amitől boldog leszel, ha végrehajtod. Ez az igazi hivatás, melyre mindannyiunknak törekedni érdemes. Tűzzük ki célunknak, hogy elérjük, s ha már elhatároztuk, hogy készek vagyunk tenni érte, a sors segítségünkre siet. Ne alkudj meg: nem csupán azért végzed a munkát, mert kell, és a pénz is, hanem törekedj arra, hogy olyat csinálj, amit szeretsz, amit örömmel végzel, amiben kiteljesedhetsz! Nézd, mi okoz számodra örömet, mit csinálsz szívesen, miben érzel ambíciót, és indulj el! Ne habozz, hanem találd meg a hivatásod, amit szeretsz! Ebben pedig szívesen segítek, ha hívsz engem! Az örömteli munka gyümölcsöző lehet, feltölt testet és lelket. Ne alkudj meg, indulj hát, vár rád az igazi hivatás!

Szeretettel, Jehudiel angyal

130.

Töltekezz a szépből és jóból, mi körbevesz! Adj hálát érte, köszönd meg!

Szeretettel, az Őrangyal

131.

Csodálatos nap köszöntött ránk, mely segít megvalósítani álmainkat. Hogy mit kell mindehhez tennünk? Először is hinni bennük. Hinni az álmainkban, s hinni, hogy bármit képesek vagyunk elérni. Amint ez megvan, az már fél siker. Utána jöhet a munka másik fele: mindennap tenni valamit kitartóan a cél érdekében. Ha csupán valami apró dolgot is, de tegyünk, mellyel áramlásban tartjuk a dolgokat és nem hagyjuk elkallódni, elenyészni, mint vajmi kósza ötletet. Ne adjuk fel, legyünk kitartóak! Ne higgyünk azoknak, kik azt mondják, nem vagyunk elég jók hozzá, vagy úgysem tudjuk megcsinálni. Csak menjünk a magunk útján előre, amerre elterveztük! Ha megakadsz, hívd segítségül az angyalokat! Segíteni fognak neked. Csak egy dologra figyelj, egyet ne tégy: soha ne add fel! Képes vagy rá, mi hiszünk benned, és segítünk neked! Ha már célba értél, megvan, mit korábban kitűztél, boldogan hajtod álomra fejed, hisz' jöhet a következő célkitűzés, a következő menet. Ehhez kívánok neked erőt, hitet és kitartást!

Szeretettel, Gabriel arkangyal

132.

Az életet választom és a boldogságot! A szeretetet és a vidámságot! Az élet nem csupán fehér és fekete, hanem csodaszép tarkabarka. Színek is vannak benne bőven. Amikor sötétnek tűnik felettünk az ég, szomorúság járja át szívünket, jusson eszünkbe, hogy a felhők fölött ott ragyog a napocska és az ég kékje. Csodaszép napsütés, mely ragyog mindenkire s mindenre. Éld meg a bút s a bánatot is, de ne ragadj benne, hanem ereszd tova, hiszen vár rád az öröm, béke, s harmónia! Engedd meg magadnak, hogy megéld az életet a maga teljében! Engedd a mosolyt, s a könnyeket, hisz' mind egyaránt részei életünknek!

A szeretet belülről fakad. Szeresd hát önmagad! Áraszd szeretetedet a világra, s annak minden lakójára! Csak szeress őszintén, igazán.

Szeretettel, Asmodel angyal

133.

A tudás hatalom, s nem csupán vagyont lehet szerezni vele, hanem egészséget is. Ráadásul önmagad megismerésében segíthet. Többet ad, mint bármely vagyontárgy. A tudás hatalom. Megismerheted önmagadat, mozgatórugódat, félelmeidet, céljaidat. A múlt sebei előkerülve, felszínre jutva tudnak begyógyulni. Ezeket elengedve tudunk igazán új életet kezdeni. A tudást használhatjuk önmagunk formálására, fejlesztésére, hogy többé válhassunk általa. Fordulhatunk hozzá, ha kérdésünk van, elakadtunk, vagy egészségügyi nehézségeink akadtak. Megkapjuk a választ kérdéseinkre, és segít előmenetelünkben.

A tudás hatalom, ám ez a tudás bennünk van. Nem kintről kapod, hanem előhívod önmagadból, elakadás esetén, rá támaszkodhatsz.

Kívánom, találj rá arra a belső tudásodra, melyet felhasználhatsz utadon! Ha elakadnál, hívd az angyalokat, segítenek neked!

Áldás kísérjen utadon!

Szeretettel, Gabriel arkangyal

134.

Kedvesen mosolyogsz a világra, de odabenn vad tűz lobog. Ezt a tüzet kintről el nem olthatod. Bocsáss meg magadnak, éld meg az érzést! Keresd meg az okát, s engedd el! Ez segít rálelni a belső harmóniára, a szeretetteli belső világra. Ehhez kívánok sok sikert!

Szeretettel, Gabriel arkangyal

135.

Az élet csupa meglepetés, mely körülvesz bennünket és átölel. Szeretettel övezzük hétköznapjainkat! Ne aggódjunk azon, mit hoz nekünk a holnap! Engedjük, mi elmúlt már, hadd menjen a maga útján! Ne álljunk ellent a változásnak, ha ideje vagyon, hanem engedjük át magunkon és haladjunk vele! Először talán nehéz lesz, de minden változik, egyre jobban belejövünk, ha bele merünk ugrani az ismeretlenbe. Ha mersz bátor lenni, csoda vár rád, s önmagad, kit eddig kizártál. Ám az élet halad. Lépj tovább, és engedd be a változást! Ehhez kívánok sok sikert!

Amint bennünk változik a világ, mi is változunk, és a világ is megváltozik körülöttünk. Adj esélyt a változásra s egy örömtelibb világra!

Szeretettel, Metatron arkangyal

136.

Az átalakulás soha nem könnyű, mégis megéri, hiszen a fejlődés szebb, s örömtelibb jövőt rejt magában.

Szeretettel, Metatron arkangyal

137.

Ne aggódj, ne kételkedj, életed pozitív fordulatot vett! Lehet, hogy most még nem érzed, de segítünk neked, s ha van hited és kitartásod, sikeres lesz az éved. Bízz önmagadban s az isteni gondviselésben! A benned lévő kételyeket add át nekem vagy a Jóistennek!

Szeretettel, Zadkiel arkangyal

138.

A béke benned van.
A béke körülötted van.
Nem érzed még mindezt?
Ne aggódj, dolgozz magadon!
Áss le a mélybe, a rejtett zugokba, hogy felszínre kerülhessenek a félelmek, s indulatok, melyek gyötörnek! Bocsáss meg önmagadnak! Fel a fejjel, menj tovább az úton, mi mindig melletted állunk, segíteni fogunk!

Szeretettel, Zadkiel arkangyal

139.

Ideje vagyon a változásnak, mely belülről fakad, s megváltoztatja a külső világodat. Rajtad múlik, felvállalod-e mindezt és segíted a változást, vagy ragaszkodsz a múlthoz, a korlátokhoz, régi ideákhoz. Ha szeretnéd életed, körülményeid jobbá tenni, kezdj el önmagadban igazán rendet tenni! Amint nekilátsz, a szükséges támogatás is melletted lesz: mintegy véletlenszerűen felbukkannak emberek s helyzetek, melyek célod elérésében segíthetnek. Fogadd el a támaszt, mely segít utadon, és vállald fel a feladatot, mit a jövő számodra hordoz! Ehhez hívhatsz segítségül engem is. Így lényed békére lelve megpihenhet, mert a melletted állók is segítenek.

Szeretettel, Zadkiel arkangyal

140.

Chamuel arkangyal vagyok, és szeretetteljes üzenetet hozok nektek. Mi is az a szeretet? A belőlünk áradó érzés, mely melegséggel, pozitív energiával tölt el bennünket és árad másokra is, kik körülöttünk vannak. Ha igazán szeretjük önmagunkat, akkor nem kötjük feltételhez érzéseinket, hanem hagyjuk szabadon áramolni mindenkire fényünket. A szeretetet árasztjuk magunkból azok felé is, kik nem engednek magukhoz, mert tüskével védekeznek, elszomorítanak. Hiszen nekik van a legnagyobb szükségük szeretetre, mert valójában önmagukkal van gondjuk. Ám, ha valamiért nem tudunk épp szeretetet adni nekik, ne aggódjuk, de ne is bántsuk őket, hanem lépjünk tovább! Annak is eljön majd az ideje. Ne feledjük, hogy először önmagunkat szeressük igazán, őszintén, ha ez már megy, akkor fogunk tudni másokat is szeretni!

Szeretettel, Chamuel arkangyal

141.

Szeretetben élni az egyik legcsodálatosabb dolog, mit e világ adhat. Ha megtanuljuk önmagunkat szeretni, a világ belőlünk kialakuló csodája valósul meg, és szeretettel veszi körbe életed!

Szeretettel Chamuel arkangyal

142.

Ha megakadtok az élet útvesztőjében, álljatok meg egy pillanatra! Csendesedjetek el! Figyeljetek befelé az érzéseitekre, gondolataitokra! Ha kell, lépjetek hátra egyet, majd úgy nézzétek külső szemlélőként az eseményeket! Hátha ráláttok olyan dolgokra, melyeket belülről fel sem tűntek talán. A legfontosabb azonban, hogy mindig hallgass a szívedre, mert az minden titkok igaz tudója! Segít rálelni a megoldásra, s a továbblépésben. Ne keseregj: megleled a válaszokat, miket keresel! Magadba tekints, ott a megoldás! Életed csodás fordulatot vesz, ha hiszel benne, és nem süppedsz bele a pillanatnyi helyzetedbe. Minden megoldódik, s a borúra jön a derű. Ehhez kívánok neked hitet! Tudd, hogy én melletted vagyok!

Szeretettel, az Őrangyalod

143.

Az elvárások nagyon megnehezítik életünket. Gátakat építenek bennünk hidak helyett. Mit is tudunk tenni mindazért, hogy a bennünk lévő elvárásokat felderítsük és elengedjük? Először is viselkedésünkben, reakcióinkban tudjuk őket tetten érni. Elvárás nem csupán másokkal szemben, hanem önmagunk irányába is lehet. Ez igen megnehezíti életünket. Ha sikerült rálelni, melyek ezek a minták, reakciók, gondolatok, máris előrébb vagyunk. Az elengedésben segíthet elengedő meditáció és tudatosság. Csípjük nyakon az elvárást, s tudatosan alakítsuk át pozitív, hálával telt gondolatokkal! Ezáltal, ha rendszeresen gyakoroljuk s odafigyelünk, változtathatunk hozzáállásunkon. Türelem, kitartás szükséges önmagunk felé ezalatt. Nem szabad csüggedni akkor sem, ha esetleg nem úgy sikerült, ahogy terveztük. Higgyük önmagunkban, hogy legközelebb majd sikerül! Csak ne adjuk fel, s ne alakuljon át görcsös akarássá! Legyünk türelmesek önmagunkkal, fogadjuk el korlátainkat és szeressük önmagunkat, elfogadva jelen helyzetünket, s azt, akik most vagyunk! Ez vezethet tovább a fejlődéshez, s elvárásaink elengedéséhez. Ehhez kívánok sok sikert! Hívj, ha szükséged van valamire, itt vagyok melletted!

Szeretettel, Gabriel arkangyal

144.

A megfelelés és elvárás gúzsba kötnek. Csupán az elfogadás s önszeretet segíti fejlődésed. Engedd hát el, mi nem szolgál téged!

Szeretettel, Gabriel arkangyal

145.

Mosolyogjunk akkor is, ha nem érezzük túl jól magun-
kat! Mosolyunk segít azzá válni, akik lenni szeretnénk.
Emellett megnyitja a szíveket, gyógyítja a lelkeket.

Szeretettel, Rafael arkangyal

146.

Ha a természetben sétálsz, ne siess, inkább komótosan ballagj! Hallgasd a madarak énekét, a harkály kopácsolását, a víz csobogását, lágy szellő zúgását! Csodálkozz rá egy különleges falevélre, a girbegurba fákra, vagy akár érdekes gombákra! Tárd ki a szíved és lásd, érezd a természetet! A szépségét, lüktetését. Ha így teszel, könnyedén rálelsz a lelki békédre, s feltöltődve folytathatod a napod. Emellett különleges élménnyel gazdagodsz.

Szeretettel, Zadkiel arkangyal

147.

Az idő most begyógyít minden fájó sebet. Elmúlt a nagy vihar, kiderült az ég felettünk, és bennünk. Itt az ideje, hogy továbblépjünk. Ne szakítsuk fel a sebeket azzal, hogy agyalunk rajta újra és újra, beleragadva a helyzetbe, hanem hagyjuk tovatűnni! Egészséges és szeretetteljes gondolatokkal tekintsünk a jövőnkre! Ha segítségre van szükségetek, rám számíthattok. Hajrá, várnak rátok az új kalandok!

Szeretettel, Rafael arkangyal

148.

Néha a legfájdalmasabb helyzetek, tanítások hozzák a legnagyobb fejlődést az életünkben.

Szeretettel, Michael arkangyal

149.

A világ zajában halld meg a halk suttogást, a szeretet hangját, mely körbeölel, s vezet téged a nehézségeken át.

Szeretettel, Michael arkangyal

150.

A gyógyulás kulcsa benned van, nem kívül kell keresni
a megoldást, hanem önmagadban!

Szeretettel, Rafael arkangyal

151.

Az írás mindig valami önkifejező eszköz, mely rátapint a lényegre, ám olykor burkoltan a bennünk levő érzéseket hozza felszínre. Lehet akár egy gondolat, mi bennünk megfogant, vagy egy ötlet, mi szívünkben született meg. Adjunk teret az írásnak, mutassuk meg másoknak is gondolatainkat! Hiszen ahogy mi is, ők is útkeresők, kik bennünk támaszra, útmutatóra lelnek. Írásunk ezáltal nem csak másoknak, hanem önmagunknak is segíthet. Írásra fel!

Szeretettel, az Őrangyal

152.

A változás bennünk fogan. Érlelődik a gondolat, mely elhatározássá formálódik, s mindezt tett követi. Elindul valami, először bennünk. Ám erre a belső változásra reagál a külvilág, és az is megváltozik körülöttünk.

Szeretettel, az Őrangyal

153.

A születés és halál csupán egyetlen villanás életeink soraiban. Nem kezdete, sem vége semminek. Csupán folytatása valami megkezdettnek. Az út része egy állomása, mely tovább folytatódik az örök körforgásban.

Szeretettel, az Őrangyal

154.

Jophiel arkangyal vagyok. Segítek neked, hogy rálelj az útra, mi neked adatott. Igazából nem is kell rálelni, hisz' rajta lépkedsz előre, hol megtorpanva, hol gyorsabban haladva, de folyamatosan az úton vagy. Ha mégis azt érzed, elakadtál, ne feledd, a jó munkához idő kell! Nem megy minden azonnal. Türelem, önmagadba vetett hit, és persze sok-sok munka, mi segít. Ha nem érzed magad a helyeden, valami belső hang szól halkan, ne vesd el, hanem hallgasd meg, és változtass utadon. Hidd el, a szíved utat mutat, s segítségül hívj nyugodtan engem, ha elakadva érzed magadat! Ott leszek melletted, és segítek neked. A munkádhoz kitartást, hitet, szorgalmat, és türelmet kívánok!

Szeretettel, Jophiel arkangyal

155.

A vidámság belülről fakad. Éppúgy, mint a szeretet. Bárhol vagy, bármit csinálsz rálelhetsz. Csak ne kívül keresd, hanem önmagadból engedd ki. Börtönéből, melybe te magad zártad egykor, rossz élményektől, negatív tapasztalatoktól félve. Tárd ki a szíved, tárd ki a lelked! Árassz vidámságot, szeretetet önmagadból mások felé, s ezzel saját életed mellett másokét is megszépíted!

Szeretettel, az Őrangyal

156.

Menj tovább! Ne nézz hátra! Az élet előtted van, nem pedig mögötted. Vond le a tapasztalatokat a múltból, ám ne ragadj le ott, ne tekingess vissza újra meg újra! Elmúlt már, hát te is engedd el! Csodás jövőd előtted hever. Tárd ki a szíved, húzd ki magad, büszkén emeld fel a fejed, s teremtsd meg a csodálatos jövődet!

Szeretettel, az Őrangyal

157.

Életünk, mint egy habostorta csupán ránk vár, hogy igazán kiélvezzük. Nem ám csak úgy ímmel-ámmal, hanem csakis teljes mellbedobással. Élvezni minden pillanatot, megélni egyaránt a rosszat, s a jót, mely nekünk erre az életre megadatott!

Szeretettel, az Őrangyal

158.

Mi a célod? Gondold át alaposan! Nem tudod, mi a feladatod, bizonytalan vagy? Kérd az angyalokat, mutassanak neked utat! Legyen bátorságod meglépni azt!

Szeretettel, az Őrangyal

159.

Most a nagy változások korát éljük. Minden változik körülöttünk. Eltűnnek a korábban biztonságot adó dolgok, helyette valami új, valami más veszi kezdetét. Ez azonban sok embert elbizonytalanít. A bizonytalanság mellett megjelenik a változástól való félelem. Amitől rezgésszintünk lecsökken, s fogékonyabbakká válunk a betegségekre, a negatív, nem kívánt életesemények bevonzására. Mit tehetünk, hogy mindezt elkerüljük? Fogadjuk el a változást, ne ragaszkodjunk foggal-körömmel az eltűnni akaró dolgokhoz s a múlthoz. Engedjük, mi menni akar! Ha mégis úgy érezzük, hogy erőt vett rajtunk a mélabú, esetleg valami olyan történt, mely negatív érzéseket, félelmet generál bennünk, fogadjuk el ezt az érzést! Öleljük át szeretettel, majd engedjük tova, valami pozitív dologra gondolva! Ezt elősegítheti egy séta a természetben, vagy lazító fürdő, esetleg sport, jó zene, éneklés, bármi, ami számunkra örömet okoz és feltölt minket. Ne ragadj bele az érzésbe, s a pillanatba! Lépj tovább, tudatosan töltsd magadat, energiaszintedet, így könnyebb lesz a változás! Sokat segíthet a hit a pozitív változásban, mellyel könnyebb átvészelni a nehezebb idő-szakot. Kérheted az őrangyalod segítségét, ki támaszt, erőt ad neked. Ehhez a változáshoz kívánok sok sikert!

Szeretettel, az Őrangyal

160.

A test megújulása és lelki újjászületés együtt jár, csupán együtt mehet végbe, s tartható fenn hosszú távon. Éppen ezért ügyeljünk táplálkozásunkra, a rendszeres mozgásra és a felemelő pillanatokra, melyek elősegítik, támogatják mindezt! A világ bennünk változik meg, amit tükröz külvilágunk. Ezért, ha igazi átalakulást szeretnénk elérni életünkben, először belső világunkat változtassuk meg. Az életünk rengeteg feladatot, fejlődési lehetőséget biztosít számunkra. Ragadjuk meg az alkalmat, éljünk vele! Minden, ami körülöttünk van, káprázat. Az okokat épp ezért önmagadban keresd!

Nem vagy te máris túlságosan merev? Ragaszkodva dolgokhoz, szokásokhoz, viselkedésmintákhoz, egy idő után bemerevedünk. Észre sem vesszük, mégis mintha egyfajta páncélt növesztettünk volna. Ez ellenáll a változásnak és az újjászületésnek.

Mit lehet ebben a helyzetben tenni? Rugalmasabbá válni. Nem ragaszkodni dolgokhoz, szokásokhoz, helyzetekhez. Tudatosítani ezeket, majd elengedni, s hagyni, hogy a változás szele megérintsen bennünket. Az életünk irányát csakis mi adjuk meg. A változásokat is mi tehetjük meg benne. Ehhez segítséget nyújthatnak az angyalok, akik mindig ott vannak mellettünk. Csak kérni kell segítségüket, s nagy örömmel megteszik ezt.

Fontos a helyes időbeosztás is, mert ha szétforgácsolod idődet s energiádat, hamar elfáradsz, nem tudod hatékonyan, energikusan élni napjaid. Kimerültséged akadályozza és nehezíti az élethelyzetek pozitív megélését, a feladatok elvégzését. Legyen fontossági sorrend minden napra. Legyen minden terv legalább a fejben! Dobjuk ki azokat, amelyek életünkben lényegtelenek lehetnek! Amint sikerül összeszedetten megtalálni az egyensúlyt a munka, a pihenés és mozgás közt, létrejön egyfajta harmónia és sokkal energikusabbak leszünk. Ha kidobtuk a szemetet, a jelenben élünk. Egyszerre egy dologra koncentráljunk, sokkal hatékonyabbakká válunk és jobban segítjük életünket! Ehhez kívánok sok sikert! Ha szükséged van rá, az angyalok segítenek neked!

Szeretettel, Rafael arkangyal

161.

Mindenre képes vagy, mit szeretnél! Csupán higgy benne! Az élet tálcán kínálja számodra a lehetőségeket, neked csupán az a feladatod, hogy elvedd. Mágus vagy, saját életed megálmodója, ki képes gyökeres változást, átalakulást hozni saját életébe. Ehhez nem kell más, csupán az elhatározás és nyitottság a változásra, valamint képesség az áhított jövő felé kitartásra. Ha nap mint nap az energiát megkapja, akkor mindenképp eljön az a nap, amikor a célt elérjük, s megvalósulhat álmunk. Viszont nem elég, ha beszélünk róla és ölbe tett kézzel várunk, hogy megtörténjen. Te vagy életed mágusa, gondolkodásod határozza meg döntéseidet! Azok pedig alakítják tetteidet, s életre hívják élményeidet, valamint megéléseidet. Ezért hát alakítsd tudatosan gondolataidat a kívánt irányba, és annak adj figyelmet, mit el akarsz érni! Engedd, hogy ettől a dolgok változzanak, engedd el a régit! Fogadd az újat nyitott szívvel, türelemmel, és tudd, mindegyik áhított célodhoz egyre közelebb kerülsz! Gondolataiddal, szavaiddal, tetteiddel támogatod ezt, s megváltoztatod életedet!

Szeretettel, Gabriel arkangyal

162.

Néha a legjobb út a tévedés. Mellékvágány, ami lehet, hogy azért kellett, mert így indulhat el egy új kezdet. Nem is gondolnád, mi minden születhet a hibákból, rossznak vélt döntésekből. Amíg egy nap mindez csupán ezen apropó miatt elő nem tör. Köszönjük meg inkább a lehetőséget a létezésnek, s fogadjuk el kialakult élethelyzeteinket!

Szeretettel, az Őrangyal

163.

Megérdemlem az egészséget, a sikert és a szeretetteljes párkapcsolatot itt és most! Amint negatív érzések jönnek elő, ezt újra és újra érdemes elmondani, tudatosítani, míg az elméd mindezt el is hiszi, s akkor az áhított változás is megjelenik az életedben. Ha szükséged van ránk, hívj nyugodtan, és segítünk neked!

Szeretettel, Gabriel arkangyal

164.

A megbocsátás nem más miatt fontos, hanem magad miatt. Általa találhatod meg az áhított lelki békédet. A megbocsátás mindig önmagunkról szól. Legelőször önmagunknak adjuk meg. Arra van szükség, hogy elfogadjuk a helyzetet. A legjobb döntést hoztuk meg. Ez egy folyamat, éppúgy, mint a gyász. Állomásai vannak, s tudatosítsuk magunkban, hogy nem sikerül egyik napról a másikra! Tudatos, kitartó tevékenység, mely leginkább önmagunkon segít, elengedve a negatív helyzeteket, embereket. Mindez nem jár együtt azzal, hogy hagyjuk, mások folytassák számunkra bántó viselkedésüket, hanem megbocsátunk neki, ám elengedjük, hadd menjen békével. Áldást kérünk rá és továbblépünk, járja a saját útját. Épp így tegyünk a helyzetekkel, ez elősegítheti fejlődésünket, tudatosodásunkat. Ehhez a munkához kívánok sok sikert! Hívj nyugodtan, ha támogatásra van szükséged.

Szeretettel, Rafael arkangyal

165.

Az életed nagy változásban van. Hosszú utat bejártál idáig, s csak most kezdődik számodra igazán az élet, más minőségben. A tanulás, kitartás meghozta gyümölcsét, a sikert és elismerést, valamint a szakmai örömöt. Áldozatnak lenni nem jó. Lépj ki ebből a szerepből! Válj saját életed tudatos teremtőjévé! Döntéseidért vállalj felelősséget, és merj kilépni a megszokott keretekből, hogy azzá válhass, akinek születtél! Ehhez kívánok kitartást! Csak hívj, ha segítségre van szüksége!

Szeretettel, Gabriel arkangyal

166.

Nem az életévek száma a fontos, hanem az élet minősége. Leélhetsz egy hosszú életet anélkül, hogy igazán élnél, és lehet, hogy a rövidebb életévek száma tartalmasabb létezést takar. A lényeg, hogy igazán élj, megéld a pillanatot! Örülj, vagy sírj! Ha úgy érzed, kacagj nagyot! A pillanat varázsa hamar elszáll, ne hagyd, hogy így legyen! Éld meg, hogy élményeid tárházát bővítse, és életedet gazdagítsa!

Szeretettel, Gabriel arkangyal

167.

Ahhoz, hogy számodra ideális párkapcsolatot kialakítsd, neked kell olyan emberré válnod, mit a másik emberben, a társadban szeretnél látni, megtapasztalni! Vele megélni. Először érdemes nyugodt pillanatban leülni, s a legapróbb részletekig a kívánt társat elképzelni: tulajdonságokat, külsejét, minden olyasmit, amit egy kapcsolatban fontosnak vélsz. Aztán küldd ki az Univerzumnak kérésedet. Érezd, hogy meghallotta, és nap mint nap közeledik feléd leendő társad! Amíg várod, elképzeled, átéled, mintha már veled lenne. Elképzeled vele a szürke hétköznapokat, a délutánokat, és átéled a közösen eltöltött időt, valamint a szeretetet, mi összefűz benneteket. Folyamatosan dolgozol magadon, fejlődsz, tanulsz, változol, hogy olyan társsá válhass, mit szeretnél magad mellett látni. Hidd el, amint készen állsz rá, a fizikai valóságodban is megjelenik! Csodás szeretet érzését hozza magával, s a közös együtt töltött idő örömét. Ehhez kívánok sok sikert és kitartást! Ha segítségre van szükséged, csak hívj, s én itt leszek.

Szeretettel, Gabriel arkangyal

168.

Amikor eljön az időnk, búcsúzni kell. Nehéz lesz, hisz gyakran rádöbbensz igazán maradnál még. Ám az időd, immár e földi létben letelt, nem maradt más hátra, mint a számvetés. Épp ezért ne feledd, használd ki jól az itt megadatott idődet! Lelked nyíló rózsabimbó, mely az évek alatt csodás virágba borulhat, ha hagyod megélni önmagad! Egyedi virága igazi kincs a világ, s a körülötte élők számára is!

Szeretettel, az Őrangyal

169.

Az élet misztériuma csodálatos. Egy örök körforgás, mely-
nek részese az ember. Sokáig alszik, alszanak legtöb-
ben, ám egy idő után magukra eszmélnek, öntudatukra
ébrednek. Elkezdi érdekelni őket, honnan jöttek, hová
mennek, mi a dolguk itt a Földön. Vajon mit keresnek oly
nagyon? Hívást éreznek, mely az ébredés és önmaguk-
ká válás felé tereli őket. Ezzel általában elindulnak egy
rögös úton, mely az öntudatra ébredés felé vezet. Ahogy
keresnek, kutatnak egyre többet, utánajárnak dolgok-
nak, még jobban elmélyülnek a témában. Elmennek az
alternatív gyógyászat, spirituális tanulmányok felé. El-
végeznek olyan tanfolyamokat, melyre hívást éreznek és
szép lassan fejlesztik a tudatosodásukat. Kinyílnak újra
az ismeretlenre. Egyre több hozzájuk hasonló emberrel
hozza össze a sors, kik utat mutatnak, segítséget nyúj-
tanak. Ki tudással, ki tapasztalattal, ki pedig intő pél-
dával. Egyre tudatosabbá válnak hétköznapjaikban. Éle-
tük, életfelfogásuk alapjaiban változik meg. Hozzáállásuk
másokhoz és önmagukhoz is átalakul. Szeretetteljesebb

és elfogadóbb lesz. Mindez általában hosszabb idő alatt megy végbe. Megtanulják használni képességeiket s intuíciójukat. Jobban odafigyelnek a jelekre, rátalálnak az életfeladatukra, melyet átalakult értékrendszerük mutat meg. Mindez alapjaiban változtatja meg az életüket. Már nem elég hobbiként csinálni, mit igazán szeretnek, hanem nagy bátorsággal váltanak. Végre saját választott életüket élik meg. Ez sokkal boldogabbá, örömtelibbé teszi őket. Vannak itt is hullámvölgyek, nehézségek, szembesülni kell élethelyzetekkel, ám mindezt már másképpen kezelik, feladatként: tanításként, nem pedig tragédiaként élik meg. Megoldják, felállnak és továbbmennek választott útjukon, melynek gyümölcse idővel beérik. Megtalálják a teljességet, a boldogságot önmagukban élik meg.

Szeretettel, Chamuel arkangyal

170.

Hol lassul, hol gyorsul a dobpergés. Elhalkul egy pillanatra, mintha csupán erőt gyűjtene, hogy aztán újult erővel folytassa megkezdett zenéjét. Ilyen az életünk is. Hol lassul, hol gyorsul irama. Néha megpihenünk, s utána erőre kapva tovább folytassuk életünket, boldogabb jövőnket alakítva. Olykor az erős pörgés elszédít. Ilyenkor állj meg egy pillanatra! Ne hagyd, hogy a világ teljesen magába szippantson! Pihenj meg, nézz magadba, vajon ez a helyes út, vagy változtatnál rajta! Azután indulj el újra, erővel, hatalmas hittel vesd magad az életbe! Ám ne feledkezz el az időnkénti pihenésről, mely segít más nézőpontból látni a világot, ami körbevesz! Emellett gyakran ennek köszönhetően helyükre kerülhetnek az eddig összekuszálódott dolgok. Kalandra fel vár a világ, s ha szükséged van segítségre, hívj bennünket!

Szeretettel, Rafael arkangyal

171.

Az élet virága a szeretet, mely mindenkiben benne van, s kiteljesíti az életet. Ne azt nézd, mit adhat a másik neked, hanem azt, te hogyan adhatsz a másiknak szeretetet. Ez az érzés aztán megsokszorozva tér vissza hozzád. Megváltoztatja az életedet. Szeretetet mindig lehet adni, bár nem mindig könnyű, de azt az embert kell igazán szeretni, kit a legnehezebb. Ő van legkevésbé megbékélve magával, s ezt másokra vetíti, bánt másokat. Ilyenkor van a legnagyobb szüksége az elfogadó, tiszta szeretetre. Ezt tartsd mindig szem előtt! Ha esetleg elakadnál, hívj segítséget! Én itt vagyok, rám számíthatsz. Munkádhoz sok sikert és kitartást kívánok!

Szeretettel, Rafael arkangyal

172.

Ha elkeseredsz, keress valami kreatív dolgot, ami megnyugtat, s feltölt! Alkoss! Meglásd, mire végzel, addigra a bánatod is tovaszáll, mintha soha nem is lett volna. Ezáltal máris más színben látod a világot!

Szeretettel, Rafael arkangyal

173.

Te minden vagy! Az egység és benned él a világegyetem. Ne kívül keresd a boldogságot! Nem leled. Ne társtól várd az igazi örömet, magadban találod meg! Ha önmagad felé sincs szeretet, türelem, elfogadás, másban sem leled, hiába keresed. Tedd rendbe belső világodat, találd meg a harmóniát, mit meg tudsz őrizni a nehéz pillanatokban! Tenmagadat szeresd, tiszteld, és töltsd fel önmagad iránti szeretettel! Húzd meg határaidat! Hidd el, mindez megjelenik a külső világodban is! Amint ezt eléred, életed szeretettelibb és boldogabb lesz.

Szeretettel, Rafael arkangyal

174.

Az életben jó és rossz pillanatok vannak. Ne hagyd, hogy a negatív érzések alakítsák napodat! A félelem és negatív gondolatok helyett a szeretetet válaszd! A szeretet fénye ad hitet, s áthatja az életedet!

Szeretettel, az Őrangyal

175.

Szeresd az életed és azt, aki vagy! A szeretet csodákra képes! Elhozza neked minden álmodat!

Szeretettel, az Őrangyal

176.

Aki fél, annak félelme, ha nem kontrolálja, romboló hatású lehet egészségére. Bevonzza félelme tárgyát, mint az elvetett magvak, melyek szárba szökkennek. Ezért hát engedd el félelmed, s a szeretetnek adj teret!

Szeretettel, az Őrangyal

177.

Az életünk csupa csoda, szépség és öröm, ha észreveszszük. Törekedjünk erre minden körülmények között!

Szeretettel, az Őrangyal

178.

Ne küzdj, ne rimánkodj senki szeretetéért! Miért is tennéd? Hiszen, ha valakinek igazán fontos vagy, keresni fog. Ha valaki igazán kíváncsi rád, felhív és megkérdezi, hogy vagy, s figyelmesen meghallgatja a választ. Ha valakinek igazán fontos vagy, nem csupán szabadidejében tervez veled, hanem időt szakít rád sűrű hétköznapjaiban. Ahelyett, hogy más szeretete után kuncsorognál szeresd önmagad, tiszta szívből őszintén, olyannak, amilyen vagy! Add meg mindazt a törődést, odafigyelést, melyet mástól remélsz! Becsüld, tiszteld és fogadd el magad!

Szeretettel, az Őrangyal

179.

Mindig a szívedre hallgass, mert ott a válasz! Befelé figyelj, s megleled! Tanítsd meg a szíved, hogy meghallja és a tudatod, hogy elfogadja, s követni is tudja azt!

Szeretettel, az Őrangyal

180.

Minden ránk talál, amikor eljön az ideje. Lehet, hogy nem akkor és ott, amikor mi szeretnénk. Ne csüggedjünk, hanem a hit vezéreljen bennünket! Higgyük el, ha eljön az ideje ott lesz a szemünk előtt! Szinte belebotlunk, oly erősen érezzük majd a késztetést. Itt az idő! Örüljünk neki már előre, s legyünk hálásak érte! Mert különleges élmény lép be, ennek köszönhetően az életünkbe. Dicsfény övezi, öröm követi, hisz oly régóta vártuk. Hitünknek és kitartásunknak, meglett a gyümölcse, megérkezett mire oly régóta vágytunk!

Szeretettel, Gabriel arkangyal

A szerző

Szőke Kriszta Budapesten született 1976. július 6-án. Művelődésszervezőként majd környezetgazdálkodási agrármérnökként diplomázott. Sokoldalú, érdeklődési köre széles. Sárkányhajózik, fotózik, interjúkat készít. Írás mellett többek között tarottal, médiumi közvetítéssel is foglalkozik. Sokáig rádiósműsorvezetőként, és rendezvényszervezőként dolgozott. A Boldogságcseppek Alapítvány egyik alapítója, elnöke.

A kiadó

Aki feladja,
hogy jobbá váljon,
feladta,
hogy jobb legyen!

E mottó alapján a novum publishing kiadó célja az
új kéziratok felkutatása, megjelentetése, és szerzőik
hosszútávú segítése. Az 1997-ben alapított, többszörösen
kitüntetett kiadó az egyik legjelentősebb, újdonsült
szerzőkre specializálódott kiadónak számít többek között
Ausztriában, Németországban és Svájcban.

**Valamennyi új kézirat rövid időn belül egy
ingyenes, kötelezettségek nélküli kiadói
véleményezésen esik át.**

További információkat a kiadóról és a könyvekről az
alábbi oldalon talál:

www.novumpublishing.hu